知的生きかた文庫

向上心

サミュエル・スマイルズ
竹内 均 訳

CHARACTER

by

Samuel Smiles

目次

第1章 自分を大きく育てる
――何が自分の精神・知性を成長させるか

第2章

個性を磨く
——いつも自分に誇りが持てる生き方

第3章

自分を生かす働き方
――日々、精一杯働いているか、やりがいはあるか

第4章

見識を高める

――「人生の教え」をいつ、どこから学びとるか

第5章

よい人間関係をつくる
——つき合う相手を糧に自分を成長させているか

第6章

人を動かす
——自分の信念に命をかけられるか

第1章

自分を大きく育てる

――何が自分の精神・知性を成長させるか

1　自分にとって何が最高の人生なのか！

われわれには意志と行動の自由がある。それは本当にすばらしいことであるが、不名誉を意味することも往々《おうおう》にしてある。

それは、この自由をどのように使うかにかかっている。

物事の明るい面を見るか、暗い面を見るかを、われわれは自分で選ぶことができるからである。

たとえば、仕事で何かミスをした時、二度と同じ失敗をくりかえさないようにと勇《ゆう》敢《かん》に立ち向かえる人は、おそらくその失敗に感謝する日が必ず来る。

一方、まるで人生の終わりのような顔でその失敗を受け止める人は、目の前の被害にばかり気をとられ、そこから何の教訓も得ることはないだろう。

個人個人の意志と行動により、これほどまでに一つのことが異なる形をとる。それならば、よりすばらしい「生き方」を選ぶのが人間の智恵《ちえ》というものである。

◆人生は自分が選んだとおりに〝姿〟を変えてくれる

悪い考えを避けてよい考えに従うかどうかの選択しだいで、意固地《いこじ》で心の曲がった人間にも、あるいはその反対にもなれるのである。

世の中は自分の選んだとおりに姿を変えてくれる。世界を本当に自分のものにするのは、明るく朗らかな人たちだ。この人たちこそ、毎日の生活の中に喜びを見出し、享受《きょうじゅ》することができるからである。

一方、年中いらいらと不安にさいなまれ、満足することを知らない性格の人は、不安や苦労に押し流されやすいために、幸せや心の平和を手にすることはおぼつかない。

たとえば、まるでごわごわした固いブラシのような態度をとるので、その固い毛に突き刺されるのが恐ろしくて側《そば》へも近寄れないといった人たちを、なんとよく見かけることか！　彼らは自分の性分《しょうぶん》をほんの少し抑《おさ》えられないばかりに、想像もできないほど恐ろしい事態を引き起こしているのだ。喜びは苦しみに変身し、人生は素足《すあし》のままでいばらやとげを敷き詰めた道を歩く旅になってしまう。

「時には小さな災いが、目に飛び込んだ虫のように激しい痛みを与えたり、たった一本の髪の毛が巨大な機械を止めてしまうこともある。満足感を得るための秘訣《ひけつ》は、小さな悩みにくよくよしないことである。そして、ささやかな喜びの芽《め》を進んでさがすことである。残念ながら、大きな喜びを手に入れるには長い時間がかかるからだ」

これは、広い交友範囲を持っていた政治家で評論家リチャード・シャープの言葉である。

勝手に災《わざわ》いを予測し、つくり出していたのでは、それに打ち克《か》つことはできない。いつも災難を背負い込んでいては、いつかはその重みに押し潰《つぶ》されてしまう。災難に見舞われたら、希望を捨てずに勇敢に処理しなければならない。

つまらぬことをことさら深刻に考える傾向のある若い人たちに、ドイツの出版人ペルテスは次のような忠告を与えている。

「希望と自信を失わずに前に進むこと。これは人生の重荷やつらさを充分に味わい尽くした老人からの忠告だ。どんなことが起こっても、われわれは、まっすぐに前を見つめて立ち向かわなければならない。そのためには、さまざまな彩《いろど》りを持つ人生に明るい気持ちで身を任《まか》せなければならない。これは大切なことで、さもなければ生きていく活力も消え失《う》せてしまうにちがいない」

人生で成功するためには才能も必要だが、気質もそれに劣《おと》らず大切な要素であると言われている。

成功するしないは別として、人生における幸福は、平静さを失わない性格、忍耐力と寛容さ、周囲の人たちへの好意や思いやりなどに左右される部分が大きい。

「他人の幸せを願うことはとりもなおさず自分の幸せを求めることである」

このプラトンの言葉は、この意味でまさに的《まと》を射《い》ている。

◆この〝心構え〟が人生の重荷を半分にする

この世には、非常に楽天的で、何を見てもよい面しか目に入らぬ人がいるものだ。この人たちにとっては、挫折《ざせつ》してしまうようなひどい災難など世の中には存在せず、たとえあったとしても、災いを福に変えて満足感を得ることができる。どんなに空が暗くても、雲のすき間から洩《も》れる太陽の光をどこかに見つけ、たとえ姿は見えなくても、太陽は何かよい目的のためにヴェールをかぶっているだけのことで、必ずその後で輝くのだと信じ、満ち足りた気持ちになれるのだ。

このような性格の人は誰もがうらやむ幸せ者である。彼らの瞳《ひとみ》は、喜び、満足感、快活さ、信念、知識など、呼び方は何であれ、そういったものでキラキラと輝いている。心には太陽が照り、見るものすべてをそれぞれの色合いで美しく彩る。

耐えねばならぬ重荷も喜んで肩に背負う。愚痴《ぐち》をこぼしたり、くよくよと悩んだり、何の役にも立たないのがわかっていながら悲嘆《ひたん》の涙にくれるようなむだなエネルギーを使ったりせず、道端《みちばた》に咲く可憐《かれん》な花を摘みながら勇敢に闘《たたか》いの道を進むのである。

彼らのことを、後先《あとさき》を考えぬ軽率な人間だなどと思ってはならない。

包容力の大きいすぐれた人物は、概して陽気で希望と愛情に満ちあふれた信頼の置ける人である。真っ黒な雲のすき間からこぼれる道徳的な太陽の光を目ざとく見つける人は、だいたいにおいて賢い人たちなのである。

彼らは目の前の悪に未来の善を見つけようとし、痛みを感じながら健康を取り戻すための努力を惜しまず、試練を味わいながらそれも修業《しゅぎょう》と受け止めて、矯正《きょうせい》すべき自分の欠点をそれぞれ見出《みいだ》す。

悲しみや災難に出合えば勇気を奮い起こし、知識と生きた智恵を存分に働かせて立ち向かうのだ。

◆「陽《ひ》のあたる道」を見つける人、見つけられない人

陽気で朗《ほが》らかな性格は生まれつきのものと言えるが、他の習慣と同様に訓練によって開発されていくものでもある。充実した人生を送るか最悪の道をたどるか、人生から喜びを引き出すか不幸を引き出すかは、それぞれの人の努力しだいなのだ。

人生には、考え方しだいで常《つね》に二つの面がある。陰《いん》を選ぶか陽《よう》を選ぶかである。この選択を行なうにあたって、われわれは意志の力を働かせ、幸福になるか不幸に甘んじるか、そのどちらかの習慣を身につけていくのである。努力すれば、物事の暗い面ではなく明るい面だけを見ようとする性格を伸ばすことも可能なのだ。灰色にたれ込める雲が頭上をおおっていても、その裏側に輝く金色の光を見落とさないようにしっかりと目を見開くことだ。

瞳の輝きは人生のあらゆる場面を鮮やかに美しく、また喜ばしく照らしてくれる。冷たい心を照らしてそれを暖め、悩める者を照らして慰《なぐさ》め、無知な者の上に輝いて啓《けい》蒙《もう》し、悲しめる者を勇気づける。

瞳の輝きは知性に光沢《こうたく》を添《そ》え、美しいものをますます美しくする。この輝きがなけ

れば、人生を照らす太陽の明るい光を感じることはできず、花はむだに咲き、天地万《ばん》物《ぶつ》すべてのものが薄汚れて生命も魂《たましい》もない抜《ぬ》け殻《がら》同然に見えてしまうのである。

◆〝朗らかさ〟は休息ももたらす

朗らかな性格は人生に喜びをもたらすもとではあるが、同時にそれは自分の性格が傷つくのを防ぐ大切な役目も果たしている。

「誘惑に勝つためにはどうすればいいのか？」

という質問に対して、ある現代作家は、

「まず第一に朗らかであること、第二に朗らかであること、そして第三にも朗らかであることだ」と答えた。

明朗さは人間を育てるための何よりの土壌である。それは心に明るさを、精神に弾力性を与える。明朗さは人間愛を生み、忍耐力を育み、智恵の母《ぼ》胎《たい》となる。

十八世紀の医者マーシャル・ホールは、「何よりもよく効く強壮剤は、いつも朗らかな気持ちを持つことです」と患者に教えている。

またソロモンは、「陽気な心は薬のように人のためになる」と言っている。

朗らかさを身につけているのは何よりの強みである。心の中はいつも晴れ晴れとした上天気で、魂は妙《たえ》なるメロディを奏でる。

朗らかさは休息にも似ている。朗らかであれば、再び力も湧いて来ようというものだ。反対に、もし悩んでばかりいて不満が多ければ、気力は弱る一方で心身ともに消耗《しょうもう》し続けるだけである。

たとえば、十九世紀を代表する政治家パーマストンは、毎日の職務に励んで年を重ねたが、どうやって最後まであれほど精力的に働き続けられたのだろうか？

それは、沈着冷静な性格と、いつも朗らかさを失わなかった点に負うところが大きい。

この二つは忍耐する習慣、他人の挑発にすぐに乗らない習慣、態度を変えずに我慢《がまん》する習慣、自分を中傷《ちゅうしょう》したり、悪《あ》しざまにののしったりする言葉を耳にしても腹を立てず、その言葉で悩んでみたり自分自身を苦しめたり、狭《せま》い了見《りょうけん》を持たぬように努める習慣などを通じて、自然に身についたものである。

二十年近くの間、パーマストンと親交の厚かった友人は、「彼が怒ったのは、たった一度しか見たことがない」と述懐している。

2　生きることを存分に楽しむ法

偉大な人物はそのほとんどが明朗で、人気や財産や権力を望まず、現状に満足し、人生をエンジョイし、喜ばしいことを敏感に感じとっている。

彼らは、いつも忙しく働き、しかもどの仕事にも喜びを感じているために陽気で幸せである。

◆試練や悩みをうまく処理する〝柔軟な心〟

『失楽園』を書いたミルトンは、幾多《いくた》の試練や悩みを経験していたにもかかわらず、朗らかで柔軟な性格を持っていた。視力を失い、友達に見捨てられ、目の前には暗闇《くらやみ》が広がり、背後には危険の声を聞きながら悲惨な毎日を過ごさねばならなかったが、勇気と希望を失わず、なおも全力をふりしぼって前進を続けたのである。

十八世紀の文豪サミュエル・ジョンソンは、苛酷《かこく》な運命と闘いながら、常に勇気と明るい心を失わぬ人物だった。彼は充実した人生を送ろうと思いきわめ、あらゆるところに満足感を見出そうと努めた。

ある時、一人の牧師が英国の田舎《いなか》社会の怠慢《たいまん》さを評して「連中は子牛の話ばかりしている」と言って嘆《なげ》くと、ある婦人はこう言った。

「でも、ジョンソン氏ならばきっと、ご自分も子牛の話をなさるにちがいありませんわ」

つまりジョンソンは、たとえそれが何であろうとも、自分が置かれた環境をことのほか大切にしたということである。

ジョンソンに言わせれば、われわれは年をとるに従って人間ができていき、性格も年々丸みを帯びてくるものであるらしい。これは、十八世紀の政治家チェスターフィールド（主著に『父から若き息子へ贈る「実りある人生の鍵」45章』竹内訳・三笠書房《知的生きかた文庫》）の考え方と同じで、人間性を明るい目でとらえている。

これに対し、ある人はシニカルな目で人生を眺め、「年をとれば、人の心はよくなるどころか頑固《がんこ》になるばかりだ」と言う。

しかし人生をひとかたまりのものとして見た場合、人生はその人の気質に支配されるものだということを考慮に入れれば、両者の言い分はそれぞれに真理をついている。

素直《すなお》な人ならば、経験を肥料にして自制心を働かせ、自己鍛練《たんれん》を重ねればさらに成長するだろうが、つむじ曲がりな人間は、いくら経験を積んでも何の収穫もなく、もっとひどくなるだけのことだからである。

「てらいのない笑い声を聞かせてくれ」と、ウォルター・スコットはよく言ったものだった。そして、そういう彼自身、大らかに率直に笑った。彼は誰に会っても親切な言葉をかけ、彼が示す暖かい思いやりはそよ風のように広がって、偉大な名声から連想されがちな威圧感やよそよそしさを追い散らしてしまった。

◆物事をすべてよいほうに解釈した男の、「効果抜群」の励まし方

メルローズ僧院の遺跡で働いている管理人が、作家ワシントン・アーヴィングについてこう語っている。

「あの方は時々仲間を大勢《おおぜい》連れてここにお見えになりました。いつも決まって、〝ジョニー！　ジョニー・バウワーはどこだ！〟と私の名をお呼びなさるんで、すぐにそれがわかりました。私が出て行くと、必ず冗談《じょうだん》や楽しい言葉をかけて挨拶《あいさつ》してくださいました。まるで長年連れ添った古女房《ふるにょうぼう》みたいに、私の側に立ってしゃべったり笑ったた

りで、あんなにも学問のおありになる方がと思うと、とても信じられないことです」評論家シドニー・スミスの話もまた、朗らかな気質の持つ力を教えてくれるよい例である。

彼はいつでも物事をよいほうにしか解釈しようとしなかった。すべての雲の裏は金色に光っていることをよく知っていたのである。

地方の副牧師をしている時も教区の司祭を務めている時も、いつも思いやりにあふれ、勤勉で辛抱《しんぼう》強く模範的な生き方を見せ、人情味あふれる親切な行為とジェントルマンとしての誇《ほこ》りを、日常生活のあらゆる場面で実際に生かしていた。

彼は、暇《ひま》な時間にはペンをとって正義、自由、教育、寛容さ、解放などを擁護《ようご》する論文を書いた。彼の作品には、常識と明るいユーモアが至るところにちりばめられているが、けっして通俗的にはならず、人気や損得も勘定《かんじょう》に入れてはいなかった。

生まれつきの快活さとスタミナのおかげで健全な精神を一生失わず、年をとって病気に苦しんでいる時にも友人にこう書き送っている。

「痛風《つうふう》、喘息《ぜんそく》の他に七つほどの病気にかかっているが、それ以外はどこも故障はない」

◆終生現役で通したこのタフな人たち

偉大な業績を残した科学者たちの多くは、根気のある働き者で、陽気な性格の持ち主であった。ガリレオ、デカルト、ニュートン、ラプラス（フランスの数学者）、みなそうだった。

偉大な自然科学者の一人、数学者のオイラーはその顕著《けんちょ》な例である。彼は人生の終わりに近づいてから視力を完全に失ったが、従来どおりの明るさは失わずにさまざまな仕掛けを使い、不屈の精神をもって自分の記憶を懸命に呼び覚ましながら執筆に励んだ。彼にとっての何よりの楽しみは、孫たちと過ごすことであり、彼は骨の折れる研究の合い間を見ては孫たちの勉強を見てやったのである。

『ブリタニカ大百科事典』の初代編集長であるエジンバラ大学のロビンソン教授も、痛みを伴《ともな》う長患《ながわずら》いのために仕事ができなくなると、孫とのふれ合いに憩《いこ》いを求めるようになった。

「この小さな魂が成長し、特に今まで気づかずにいた数え切れぬほどの本能が目覚めるのをじっと観察しているのは、何とも言えず楽しい。ぎごちない動き、気まぐれないたずらの一つひとつに認められる神の御業《みわざ》に、私の関心をいやおうなしに向けてくれたあのフランスの理論家たちに感謝しなければならない。これらのものはみな、この子の生命を守り成長力となるのだ。幼年期とその能力の開発を、私の唯一の研究課題にする時間が残されていないのは誠に残念である」

数々の発明をした機械技師ジェームス・ワットに宛《あ》てた手紙の中でこう語っている。

3　どんな人も味方にしてしまう「包容力」

包容力が豊かで健全な人たちはみな、希望に満ちていると同時に朗らかである。彼らが示した手本には伝染力があり、近づいてその影響を受けた人たちを元気づけ明るくする。

この朗らかさの基礎となるのは、愛と希望と忍耐力である。

愛は愛を呼び覚まし、慈悲《じひ》を生む。愛は惜しみなくやさしくそして誠実であり、善悪を見きわめるものである。愛は物事を明るく変え、常に幸福を追求する。愛は明るい考え方を育て、朗らかな雰囲気《ふんいき》の中に宿《やど》る。

愛は無料だが、その価値ははかり知れない。愛は愛を持つ者を祝福し、そうでない人たちの胸にもあり余るほどの幸福を育てるからである。悲しみさえも愛があれば喜びにつながり、流す涙も甘い露《つゆ》の味がする。

◆その果実の〝味〟は自分が蒔《ま》いた種しだい！

哲学者ベンサムは、人間は他の人にいろいろなことをしてあげればあげるほど自分の喜びも豊かになる、という信念を抱いていた。思いやりは次の思いやりを呼び覚まし、惜しみなく愛を分け与えればそれだけ自分が幸せになる。

親切な言葉をかけるのは、冷たい言葉をかけるのと同様、一銭の金もかからない。やさしい言葉は、話しかけている相手だけではなく、言っている当人にも親切な行為をうながすものだ。その場限りの親切でなく、常に相手の身になって考えるのが、人と人とのつき合いというものなのである。

いくら努力をしても自分の善意が相手にとって何の役にも立たない、という場合も実際にはあるだろう。しかし、たとえそうであっても、思慮分別を働かせれば、努力した当人のためにはなっているのである。

好意にあふれた行ないが空振《からぶ》りに終わり、報《むく》われないこともある。

しかし、たとえ相手に感謝されなくても、それなりに自分の行為を評価する気持ちは失われるものではない。自分が蒔《ま》いた善意の種のいくつかは必ず肥沃《ひよく》な地面に落ちて、他の人の心に愛の精神を芽生えさせるにちがいない。そしてやがてその芽は成長し、どの枝にも幸福という果実を実らせることだろう。

まわりの人たちみんなに可愛《かわい》がられている一人の少女に向かって、ある人が、「なぜみんなはおまえをそんなに愛するのだろう?」と聞いた。すると少女は、「きっと、私がみんなをとっても愛しているからだと思うわ」と答えた。

この話はどのような場面にも当てはまる。一般的に言って、人間としてのわれわれの幸福は、自分が愛しているものの数、または自分を愛してくれるものの数によって決まる場合が多いからである。社会的にどんなに出世しても、すべての人たちへの暖かい愛情が伴っていなければ、幸福とは言いがたい。

◆金と力がなくても、これさえあれば……

親切心はこの世における偉大な力である。詩人リー・ハントは、「力そのものにはやさしさの半分ほどの威力もない」と言ったが、人間はまさしく、力よりも愛情によって支配されるものなのだ。

親切とは人にものを施《ほどこ》すことではなく、心の広さとやさしさを意味するものである。財布の中にある金を与えても、心の中の親切はしまい込んでおく人がいるかもしれない。金を与えるという形で示された親切にはあまり価値がなく、むしろ害を招く場合さえある。

しかし、本当に相手を助けてあげたいという気持ちから出た親切は、必ず有益な結果をもたらすものだ。

親切な行ないとなって表われたよい気質を、優柔不断やおめでたい性格などと混同してはならない。親切な行ないは、ただの受動的な行為ではなく、能動的に働きかけるものである。

また、親切な行ないは、互いに共鳴し合うものである。本当の親切は、現実に利益をもたらすすべての道理にかなった方法を生み出すものだ。

そして未来に目を向ければ、同じ精神が人類の進歩と幸福のために働き続けるのを見ることができるだろう。

4　心の〝ブラインド〟をおろしてはならない

エゴイズム、懐疑主義、わがままは、いずれも人生の厄介《やっかい》なお荷物で、特に若い頃のそういった傾向は正常ではない。

とくによくないのは、「何をやってもだめなのだ」と言って事態を改善しようとせず、「あちらもこちらも、どこへ行っても不毛の土地ばかりだ」と勝手に決め込み、自分の運命を呪《のろ》って、不平不満ばかり並べ立てる人々である。

不満ばかり並べ立てていると、しまいにはそれが病的になってしまうこともある。すべてはその人の心の中が空虚で悩んでばかりいるせいである。また、「病気を楽しんでいる」と言われるような人たちもいる。「私の頭痛」「私の腰痛」の話ばかりしているうちに、いつの間にかそれが大切な宝物のように思えてきてしまうのである。

◆自分の運命を呪《のろ》う人、立ち向かう人

ほんの些《さ》細《さい》な悩みにも注意してかからねばならない。ちょっとしたはずみでそれが

誇張され、大きな災難に出合ったように思いがちだからである。

正直なところ、そういった悩みを冷静にとらえれば、勝手に考え出した些細な心配や、とるに足りない苦しみなどであることのほうが多い。

深い悲しみの前には、ケチな悩みは消えてしまう。だが、われわれはとかく自分を惨《みじ》めだと思い込み、心の中でそれを暖めてやりたくなるものである。

しかし、こういう状態におちいっていると、悩みを幸せに変える手段が手の届くところにあることを忘れて、その誇張された悩みが勝手気ままにふるまうのをじっと見守っていることが多いのである。朗らかで明るい世界に通じるドアを閉め、陰気で暗い空気に身を包んでしまうのだ。

この習慣は人生を歪《ゆが》ませ潤色《じゅんしょく》してしまい、われわれをしだいに愚痴っぽく、気難しく、思いやりのない人間に変えてしまう。口を開けば泣き言ばかり、他人に対して情け容赦《ようしゃ》がなく、協調の精神に欠け、みんなもそうだと思っている。胸の中には痛みや苦しみがぎっしりと詰まっていて、他人ばかりか自分までもそれに首を絞められて動きがとれなくなってしまう。

このような性癖《せいへき》は、その人がわがままであればますます助長される。それどころか、そのほとんどはわがままそのものであり、周囲の人たちに同情や思いやりの感情をまったく持たない。これは強情《ごうじょう》さがまちがった方向に進んだだけのことで、心がけしだいではそうならずに済《す》むものなのである。

◆アレクサンダー大王がいちばん大事にした〝財産〟

いつも明るい心を持つこと、将来への希望を胸に秘めることは、耐え忍ぶことでもある。これは人生に幸せと成功をもたらす重要な鍵の一つである。

哲学者ターレスが、「他には何もなくても、希望だけは誰もが持っている」と言ったように、確かに希望はごくあたりまえのものではある。しかしまた、希望は貧しい者を救う強い力であり、「貧しい者のパン」とも呼ばれてきた。

未来への希望は偉大な行為を支え、勇気づけるものでもある。アレクサンダー大王がマケドニアの王位を継いだ時、彼は父が遺《のこ》してくれた土地の大部分を友人たちに与えてしまった。

「王は何を手もとに残されたのですか」とたずねられると、アレクサンダーは「この世でいちばん大きな、希望という名の財産だ！」と答えたという。

形見《かたみ》として遺された財産がどれほど莫大《ばくだい》であっても、希望が与えてくれる財産に比べればはるかに見劣りがする。将来への希望があればこそ、人はあらゆる努力と試練に立ち向かっていけるからである。

世界を動かし常に躍動させているのは、精神力だと言うことができるだろう。そして、あらゆる力を締めくくるのは、この「希望という偉大なるもの」なのである。

「希望がなければ、未来はどこにあるというのだ？　地獄にしかない。現在はどこにあるかと問うのは愚かしいことだ。われわれはみなそれをよく知っているのだから。過去はどうだ。くじかれた希望だ。ゆえに人間社会で必要なのは、どこにいても希望、希望、希望なのである」

こうバイロンは叫んでいる。

第2章

個性を磨く

――いつも自分に誇りが持てる生き方

1　自分の人生を動かす「原動力」

人格というものは、この世の中でもっとも大きな人を動かす「原動力」の一つである。高潔な人格には、人としてあるべき理想の姿がある。その人が最善の力を尽くして生きているからである。

どこの誰であれ、勤勉さ、清廉《せいれん》潔白さ、高邁《こうまい》な志《こころざし》、堅実な主義や思想などのすぐれた資質を持つ人物は、知らず知らずのうちに周囲の尊敬を集める。

われわれがこんな人物の言葉を信じ、人柄を信頼し、さらには見習おうとするのはごく当然であろう。世にあるありとあらゆる善は、すべて彼らによって高揚されるのである。こんな人物に出会えなかったら、人生は生きるに値《あたい》しなくなってしまうだろう。

非凡な才能は常に賞賛の的となるが、何にもましてすぐれた人格は尊敬の念を集める。どちらかと言えば、前者は知力の産物であるが、後者は精神的な力に負うところが大きい。長い目で見ると、人生を左右するのはこの精神的力なのである。

天才は、すぐれた知能を武器にして社会とかかわりを持つ。一方、人格者は良心を武器にする。世間は、天才には賞賛の目を向けるだけだが、人格者の生き方に対しては見習うよう努力する。

◆人生は、ありふれたことの中にこそ〝本当の智恵〟がある

偉大な人物はみな例外的な存在である。

偉大さそれ自体は相対的なものにすぎない。多くの人間はその活動範囲がかなり限られているので、偉大な人物になるチャンスにはあまり恵まれていない。しかし、自分に与えられた役割を力の及ぶ限りまじめに、そして立派にやり遂げることはできる。自分に与えられた才能を乱用せずに、有効に役立てることだ。

充実した人生を送るために努力を惜しまず、どんな些細《ささい》なできごとにも真心を持って、正しく誠実に謙虚さを失わずに生きることは、誰にでもできる。

要するにわれわれはみな、自分に与えられた環境の中で、それぞれの務めを果たすことはできるのである。

平凡な言い方かもしれないが、自分の務めを果たすことこそ、人生と人格をもっと

も高い次元で具体的に表現することなのだ。そこには英雄的な華々《はなばな》しさはないかもしれない。だが一般に、大多数の人間は平凡な毎日を送っているものだ。与えられた務めを受け入れようという意識は、意欲を高めると同時に、毎日の生活で起こる日常的なできごとを処理するうえでも大いに支えとなってくれる。

人生の中心は、ありふれた平凡な義務を果たすことにある。美徳の中でももっとも影響力があるのは、日常生活で必要とされる種類のものである。これらの美徳には何よりも値打ちがあり、永続性がある。

一般人の基準とかけはなれた派手な美徳は、誘惑と危険の根源にしかならないだろう。

「華々しい美徳を基盤とする人間は、堕落《だらく》やもろさなどを必ず持っているものだ」

この政治家バークの言葉は的を射ている。

人を判断する場合に、作家、講演家、政治家というような相手の〝社会的な立場〟を基準にするよりも、いちばん身近な人に見せる態度や、小さくて平凡に見える日常生活の義務などにその人がどのように対処するかを基準にしたほうが、正確な答えを引き出せるというものである。

この義務の観念は、ほとんどの場合、ごく普通の人間の日常生活で起こるできごとを処理する時に必要になってくる。それと同時に、非常にすぐれた人格者を支える力にもなっている。彼らは財産も土地も教養も権力も持たないが、強い意志と、誠実で正直で義務に忠実な豊かな心を持っている。

自分の義務を忠実に果たそうと努力する人はみな、与えられた人生の目的を果たし、人間らしい人格を築き上げることができる。すぐれた人格以外に何も持っていないのに、頭に冠《かんむり》をいただく王に劣ることなく、力強く世界に君臨した人物もけっして少なくない。

◆学問も富も誠実さにはかなわない

知的教養は、人格の純粋さや立派さなどには必ずしも関係がない。新約聖書には、人の心と「魂」への呼びかけが至るところに見られる。しかし、知性に訴えかけることはきわめてまれである。

「ほんのひと握りの信仰心は、山ほどの学問に匹敵《ひってき》する」とジョージ・ハーバートは言っている。

学問を軽蔑《けいべつ》しているのではない。どんなに学問があっても、道徳的な善と両立しなければ意味がないと言っているのである。地位がある者の場合には学問の奴隷《どれい》になり下がり、地位がない者の場合には尊大な態度をとるといったように、知性が道徳的にもっとも下劣《げれつ》な人格と結びついている例を、時折《ときおり》見かけるものだ。

美術、文学、科学などの分野で成功をおさめていても、誠実さ、美徳、義務感、正直さという点では、劣る人間はいくらでもいる。

ウォルター・スコットが出席していた講演会の席上で、ある人が、「文学的才能と業績の二つだけが何よりも評価され賞賛されるべきである」という趣旨の意見を述べた。するとスコットは次のように反論した。

「とんでもないことを！　もしも今の考え方が真理だとしたら、この世はなんと貧しいものになってしまうことか！　私は、本はたくさん読んだし、現代の有名な教養人の説も拝聴したし、彼らと話し合ったこともある。でも、私はあなたに次のことをはっきりと知っておいていただきたい。私は、聖書に出てくるどんな言葉よりももっと心打たれる声を、学問のない貧しい人の口から聞くことができたのだ。苦しみと葛《かっ》藤《とう》に打ちひしがれながらも、静かな勇気にあふれた魂が顔をのぞかせる時、身のまわりにいる大勢の友人や隣人について素朴《そぼく》な意見を述べる時、その言葉のはしばしに感銘を受けるのだ。心を豊かに育てることに比べれば、他はみなとるに足りないと自覚しなければならない」

富は、人格を高めるためにはなおさら必要ではない。それどころか、かえって人格を歪め、堕落を招く原因になることが多い。

富と堕落、贅沢《ぜいたく》と悪徳、これらは互いに密接な関係にある。目的意識の弱い人間、充分な自制心を持たない人間、感情のままに行動する人間が富を手にすると、それは誘惑のわなにすぎなくなってしまう。すなわち、自分にとっても他人に対しても、はかり知れない悪影響を及ぼす原因になる恐れがあるのだ。

人格は財産である。しかもいちばん高尚《こうしよう》なものだ。普遍《ふへん》的な善意と、人びとの尊敬に囲まれた自分だけの所有地である。これに投資しようとする人は、いわゆる利益は上げられないかもしれないが、尊敬という報酬は正当な手段でまちがいなく受けとることができるだろう。

世の中の人にもっとも効果的に働きかける点で、勤勉さ、善良さ、美徳などのすぐれた資質を持つ人物が誰にもまさるのは当然のことである。

◆エピクテートス流〝絶対幸福〟の原則

われわれはみな、素朴でまじめな人生の目的を持っている。もしも、その目的が自分を正当に評価し、はっきりした自覚に基づいた正しい規律の上に築かれたならば、生涯を通じて大いに助けとなる。人生に目的を持つことで、われわれは正しい道を歩み、力を与えられ、旺盛な行動力を使いこなせるのである。

「われわれは一人残らず金持ちや偉人になったり、高い教育を受けたりしなければならない必要はない。しかし、誰にでも誠実に生きる義務はあるのだ」

ベンジャミン・ルドヤードもこう言っている。

だが誠実であると同時に、しっかりした信念を道しるべとし、真理と高潔さと正しさをどこまでも忘れずに、目的を遂げなければならない。信念を持たない人間は、吹きつける風に任せて波間にただよう、舵《かじ》も羅針盤もない船にも等しい。法律やルールや秩序、分別がないのと同じである。

ギリシャの哲学者エピクテートスは、ある時、ローマに向かう著名な弁士の訪問を受けた。ストア派の哲学の教えを請《こ》いたいというのである。エピクテートスは、はじめからこの男のへりくだった態度を信用せず、冷ややかな調子でこう言った。

「君は心の底から教えを請いたいのではなく、私の生き方のあらをさがしに来たのではないかね」

「それはどうですか。しかし、あなたのようなことをやっていたら、食器も馬車も土地もない、ただの貧乏人になり下がってしまいますからね」

　するとエピクテートスは答えた。

「私はそんなものは欲しいと思ったこともないね。第一、現に君は今でも私より貧しい生き方をしている。パトロンがいようといまいと、それがどうしたというのだ。君にとってはそれが大問題だろうが、君よりも私はずっと豊かなのだ。シーザーが私をどう思おうと知ったことではない。私は誰にも媚《こび》を売るつもりはない。君が持っている金や銀の食器にまさる財産が私にはある。君は銀の水差しをお持ちだが、信念と理性と探究心のほうは土でできたお粗末なものだね。私にとって精神は王国なのだ。そしてそれは、君の救いがたい怠《なま》け癖《ぐせ》のかわりに、豊かで幸せな仕事をもたらしてくれるのだ。君は、全財産をかき集めてもまだ足りないと思うだろうが、私は今のままで充分だ。君の欲望には限りがないが、私の欲望は常に満たされている」

2　人生のどんな場合にも通用する万能の「パスポート」！

すぐれた才能はざらにころがっているものではない。天才とて同じである。だが、才能を信じてもいいのだろうか？　天才は？　正直でなければ、つまり真心がなければ信用に値しない。

この真心こそ、人びとの尊敬を集め、信用を得る要因なのである。真心は人間としてのあらゆるすばらしさの基礎である。

それはその人の行動に自然にあらわれる。公平で裏表のない行動や、言葉や動作の一つひとつにきらめくものだ。真心は信頼を意味し、「あの人は信じてもまちがいがない」と人に確信を抱かせる。

「あれは信頼するに足る人物だ。彼が知っているという時は本当にわかっている時だし、何かをやると言ったら必ずそのとおりに実行する」と世間に認められた時、すでにその人物はみんなにとってなくてはならない存在になっている。かくして、信頼は人びとの尊敬と信用を集めるためのパスポートになるのである。

◆バランスのとれた「良識」はどんな智恵にもまさる

人生で起こるさまざまなできごとや職業において、知性は人格ほど役に立たないし、頭脳は心ほど効果的には働かない。非凡な才能でも、自制心や忍耐、公平な判断に立脚した信念にはかなわない。

個人の生活、あるいは社会での生活を円滑《えんかつ》に送る手だてとしては、公平さに導かれた良識を身につけておくのがいちばん役に立つ。経験に育てられ、善意から発した良識は、実際的な智恵となって表われる。

知的な才能をフルに活動させ、なおかつ他人に多大な感化を与える人をよく見かける。それは、こんな賢明な抑制力が働いているからにほかならない。彼らは、表面には表われない何らかの潜在的な力、つまり抑制力に従って行動しているように思われる。彼らの目的には邪念がなく、潔白で、他人に自分の考えを無理強《じ》いしたりしないのである。

すぐれた人格を持った人物が、名声を獲得するまでには、時間を要するかもしれない。しかし、その真価は隠そうとしても隠しおおせるものではない。時には、第三者によってまちがった評価を下されたり、誤解されたりすることもあるだろう。不幸に見舞われたり、逆境に立たされたりする時もあるかもしれない。しかし、忍耐と努力によって、最後には人びとの尊敬の念をかき立て、当然の結果として信望を集める日が来るのだ。

◆生きるとは、たゆみない努力を続けること

多少とも各人が規制し、コントロールしているさまざまな細かいできごとの積み重ねによって、人格は形づくられていく。

よきにつけ悪しきにつけ、人格の色合いに左右されずに日々を過ごすことはできない。糸のように細い髪の毛でも必ず影をつくるように、どんなつまらないことでも、行動は必然的に結果を生じる。

行動、思考、感情はすべて、その人の気性や習慣、判断力を育てるために役立つ。そして、これから先の人生におけるあらゆる行動に避けがたい影響を与える。このように、人格はよい方向にも悪い方向にも、常に変化しながら成長する。向上する面もあれば、堕落する面もある。

作用と反作用は相等《あいひと》しいという力学の法則はそのまま道徳にも当てはまる。善行はそれを行なった人間に作用し、反作用もする。悪行もまた然《しか》りである。それだけではない。手本を見せた相手にも、何らかの影響力を持って働きかける。

しかし、人間は環境の創造主でもなければ奴隷でもない。自分の自由な意志で、悪よりもむしろ善を生み出そうと行動していくことができる。

ある聖職者は、「自分そのもの以上に自分を傷つけるものはない。ずっと耐え忍んできた欠点は身についてしまっている。自分の欠点に悩むこと以上に深刻な悩みは、この世にあり得ないだろう」と言っている。

いずれにせよ、最高の人格は努力なしにはつくれない。絶えず自分を見つめ、自己修養を怠《おこた》らず、自制心を働かせなければならない。ためらったり、つまずいたり、あるいは一時的にくじけてしまったりすることもあるだろう。さまざまな障害や誘惑には敢然《かんぜん》と立ち向かい、それを退けなければならない。

不屈の心構えと高潔な精神があれば、最後には必ずや勝利をおさめるだろう。今よりもっと高い人格を身につけようとする努力、進歩向上しようとする努力そのものが、われわれを勇気づけ励ましてくれるのである。

自分を導いてくれるような偉大な人物を手本にするのはいいが、そういった理想的な人間像をただ容認するだけではなく、自分もまた、その高みにまで到達しようと目指さなければならない。

物質的にではなく精神的に豊かになり、世間的な名声ではなく真の名誉を求め、学問をおさめるよりは徳のある人間になり、権力をかさに着て権威を振り回すのではなく、正直で誠実で高潔な人格を目標にしなければならない。

人格はその人の行動に自然とにじみ出る。そして信念と高潔さと、実際に役立つ智恵によって高揚される。理想的なのは、人格が宗教、道徳、理性を受けて、生き生きと躍動する個人の意志そのものになる時である。

慎重に進むべき道を選び、名声よりも義務を重んじ、世間的な評判に左右されず、良心の命ずるがままに行動しながら、たゆみなくその道を追求する。他人の個性を尊重すると同時に、自分自身の存在と自立を守る。

誰にでもできることではないが、そのうえに道徳心を貫く勇気を持ち、時の流れと先人の智恵と経験を、冷静に信じるべきである。

◆人生という「水車」をいちばん有効に回す力とは

われわれは人格形成の過程で、立派な手本からは強い影響を受ける。しかし、自分の精神から自然にほとばしり出る持久力こそ、何よりも大切である。この力こそ、われわれに自立の精神と活力を与え、何ものにも屈せずに人生を歩ませてくれるものだからである。

「常に自分を今以上に高めようとしない人間ほど貧しいものはない」と十六世紀の詩人ダニエルは言っている。

人格の根となる意志の力、茎《くき》である智恵――実際に役立つこの二つの力がある程度なければ、人生は曖昧模糊《あいまいもこ》として、何のために生きているのかもわからない。水車を回しながら有効に流れていく川の水ではなくて、ただのよどんだ水たまりのようなものである。

決然とした意志を持ち、高い目的意識のもとで行動を起こし、どんな代償を払っても義務の道を外れずに勇敢に物事をなし遂げた時、その人は人生の頂点に近づいたと言えるだろう。

こんな人物の行動は、他人の人生や行動の中でくりかえされる。口から出た言葉そのものが、息を吹き込まれて行動になる。このようにして、宗教改革ののろしを上げたマルティン・ルターの言葉は一つ残らず、トランペットの響きにも似て、ドイツ国中に鳴り渡ったのである。

ドイツの政治家リヒターが言っているように「ルターの言葉があるだけで、戦いは勝ったも同然」であった。

ルターの生き方は祖国のすみずみにまで浸透し、現代でもなお、ドイツ人の国民性の中に生き生きと脈打っているのである。

清廉潔白で善良な心がなければ、いくら活力にあふれていても災いのもとになるだけであろう。こんなタイプの人物には、神がそのはかり知れない神意をもって地球を滅亡させるためにお選びになった悪者たちや、世界を踏みにじった野蛮《やばん》な征服者たちの姿が見えるのである。

これと正反対なのは、崇高《すうこう》な精神に導かれたエネルギッシュな人格者である。彼らは、仕事の面でも社会的な行動の面でも、公平な判断力を持ち、義務を第一とするという原則に従って行動する。

また、家庭生活でも嘘《うそ》いつわりなく潔癖《けっぺき》である。家庭にあっても、一国を治めるのと同じように常に正義が基本になっている。言葉や仕事を含むあらゆる面で、誠実そのものである。自分より弱い者に対してはもちろんのこと、反対する者に対しても寛大で、思いやりがある。

政治にもかかわった劇作家シェリダンは、先見の明には欠けていたが広い心を持っていたので、人を傷つけたことは一度もなかった。次の言葉は、彼を正しく評価している。

「論争の最中に彼が見せるウィットは、鋭い点を突きながらも穏やかで、その刃先にはいつも暖かい心が秘められていた」

政治家のフォックスも同じような人格の持ち主だった。

常に変わらぬ彼の真心と好意が人びとの共感を呼び、尊敬を集めたのである。人の名誉にかかわることになると、彼はいつもすぐ心を動かされた。こんな話がある。

ある日のこと、商人がやってきて約束手形《てがた》を見せ、支払いを要求した。ちょうどその時、フォックスは金の勘定をしていたので、商人はその中から払ってくれないかと言った。するとフォックスは、

「いや、そうはいかない。名誉をかたに、私はシェリダンからこの金を借りているのだ。もしも私が返さなかったりしたら、彼の名誉は丸潰れになってしまう」

と答えた。すると商人は、

「よろしい。ならば私も名誉をかたにいたしましょう」

と言って、手形を目の前で破いてしまったのだ。

これにはフォックスも頭を下げるしかなかった。自分を信用してくれた商人に礼を言って金を払ったのである。

「シェリダンは後回しだ。君のほうに優先権があるのだから」

◆人格者の資質の源は「良心」である

人格者は良心的である。自分の良心に従って働き、話し、行動する。

人格者はまた敬虔《けいけん》な心の持ち主でもある。この資質を備えた人は男女を問わず、きわめて気高《けだか》く、そして崇高な人間像をつくる。

彼らは、時代とともに引き継がれてきたさまざまなもの——高い理想、純粋な思想、高い目的、過去の偉大な人物、そして高潔な心を持って働く同じ現代に生きる人といったものを敬う気持ちを持っている。

敬虔な心は個人や家庭、そして国家の幸福にとっても不可欠なものである。敬虔な心がなければ、この世には信仰心も存在しない。人を信頼したり、神を信じたりすることもできない。社会の平和や進歩すら期待できなくなってしまうのである。敬虔な心は、人と人とを結びつけ、さらにはわれわれと神の間を結ぶ絆《きずな》となる宗教そのものを意味しているからである。

「気高い精神を持つ者は、あらゆるできごとを経験に変えてしまう。経験と理性が結合した結果、行動が生まれる。彼は大きな愛に駆《か》られて行動するのである。何かを期待しながら行動するのではない。名誉を重んじ、不名誉を恥じる。一つの考え方を貫いているから、いつも変わらぬ態度で自己を抑えて行動する。理性は自然が授けてくれる最高の贈り物でないということを承知しながらも、彼は自分の宿命をあやつることができる。真理は彼にとっては女神であり、彼は真理を探究する労をいとわない。

彼は太陽のような存在である。世間の人は、彼の潔白さに導かれて正しい道を歩むのである。彼は賢人を友とし、中庸《ちゅうよう》を守り、堕落した人間を立ち直らせる薬となる。

時間は彼とともに過ぎる。肉体的な衰《おとろ》えからではなく、ますます心に力がみなぎることで年をとっていくのを感じる。かくして彼は痛みを知らない者、足かせを解き、牢獄《ろうごく》から救い出してくれる者として、あらゆる人を友人として認めるのである」

これは、詩人トマス・オーヴァベリーの言葉である。

3　強い「磁力」を持った人たちの生きざまに学ぶ

活発な意志の力、すなわち自然に湧き出る活力は偉大な人格の真髄《しんずい》である。このような活力があれば人生は生き生きとする。なければ気持ちが弱くなる。気力もなく、人生に失望し落胆《らくたん》するだけである。

「強い意志を持った者と滝は、進むべき水路を自らの力で掘り進んでいく」という格言がある。

高邁な精神を持ち活気にあふれた指導者は、自分の道を切り開くだけでなく他人にも同じ道を歩ませる。

彼の行動には、一つ残らず人格的な価値がある。活力と自立心と、独立独歩の精神とがそれとなく表われ、いつとはなしに人びとの尊敬と賞賛を集め、彼の信奉者《しんぽうしゃ》にしてしまうのである。ルター、クロムウェル、ワシントン、ピット、ウェリントンをはじめ、偉大な指導者たちには、みなこのように人を引っ張っていく強い人格があった。偉大な指導者は、磁石が鉄を吸い寄せるように、自分と人格がよく似た人間を引き寄せるものだ。たとえばナポレオン戦争で活躍したジョン・ムーアは、将校たちの中から、目ざとくネーピア三兄弟を見分けていた。

兄弟のほうでもその返礼として、ムーアに強いあこがれを抱《いだ》いたのである。節度ある虚心坦懐《きよしんたんかい》なムーアの態度と勇敢さに魅了されてしまったのだ。こうして兄弟は、「この男を手本に行動しよう。できれば肩を並べるまでになりたいものだ」と心に決めたのである。

ウィリアム・ネーピアはのちに外交官となったが、彼の伝記の著者は次のように述べている。

「兄弟の人格形成の過程におけるムーアの影響は著《いちじる》しい。ムーアが、三兄弟の精神的並びに道徳的な素質をすぐに発見したことは、すなわちムーア自身、相手の人格を見抜く鋭い洞察《どうさつ》力と判断力を持っていたことを証明する。三人にとって、彼は英雄となるべき偉大な人物だったのである」

◆エネルギッシュな行動は、すぐに周囲に伝染する

活力みなぎる行動は、周囲に伝染していくものだ。力のない者は勇敢な人物に勇気づけられる。そして当然のことながら、その人物を見習おうという気持ちに駆り立てられる。ネーピアは次のような話を遺している。

スペイン南部の町ヴェラでの戦いの時のことだ。

スペイン軍の主力が総崩れになって退却を始めた時、ハヴロックという若い将校がみんなの前におどり出た。自分に従うスペイン兵に帽子を大きく振って見せて馬に拍車を当てたかと思うと、フランス軍が固めている砦《とりで》の塀《へい》を飛び越えて、しゃにむに突っ込んで行った。

これを見たスペイン軍の意気は天を突くばかりで、「勇敢な男に続け！」と叫びながら突撃を開始した。あっという間にフランス軍を打ち破り、丘の下に追い払ってしまったのである。

日常生活においてもまた然り。人は徳のある偉大な人物の後を慕《した》って集まって来る。こんな人物は、自分の影響力が及ぶ範囲にいる人を啓発し、高めてもくれる。彼らは

生きた慈善活動の中心とも言えるだろう。

活力のある、正直な人間を責任ある地位につけてみるがいい。彼の下で働く人は、いつの間にか自分でもやる気が出ているのに気づくだろう。チャタムが大臣に任命された時には、役所のすみずみにまで彼の感化が及んだものだ。トラファルガーの海戦でナポレオン軍を破ったネルソン提督の指揮の下《もと》で戦った水兵はみな、自分たちの英雄の勇気をともに分かち合ったのである。

ワシントンが総司令官になるのを承諾した時、人びとはアメリカ軍の力がこれまでの倍になったように感じた。

後年、老いたワシントンは第一線から引退してマウント・バーノンで暮らしていた。一七九八年、フランスが合衆国に対して宣戦を布告する気配を見せ始めた時、大統領アダムスはワシントンに手紙を送って、「もしお許し願えれば、われわれは閣下のお名前をぜひとも使わせていただきたいのです。何万という将兵よりも、閣下のお名前のほうがはるかに効力をあらわすものと存じます」と懇願《こんがん》している。

これこそ、偉大なる大統領ワシントンの高潔な人格と卓越した能力が、いかにアメリカ人に高く評価されていたかを物語るものだろう。

◆死してなお「偉大な人格」は滅びることはない

この世を去ってからでさえ歴史に残るような偉業を成し遂げた、という人物もいる。たとえば、シーザーは暗殺者たちの一撃を受けて、老いてやつれ果てた骸《むくろ》、色あせた屍《しかばね》となり果てた時に、これまでにないほど力強く息づいて、人びとに恐怖を与えたのである。彼の悪い面は忘れられ、美化された。多くの欠点があったにもかかわらず、人間味にあふれた人物として見直されるようになったのである。

同じような例は、歴史や寓話《ぐうわ》にも見られる。偉人の生涯は、人間の活力をたたえる不滅の金字塔を後世に遺す。人は死んで肉体は世を去る。けれども彼の思想と行動は生き残り、消えることのない足跡を子孫に遺す。その精神はさまざまな思想や意志に形を変えながら、永遠にこの世に生き続ける。つまり、結果的には未来の人格形成に役立っているということになるのである。

人類の進歩を導く真の道しるべは、こういったもっとも高い次元で正しい道を歩む人たちなのだ。彼らは小高い丘の上から道徳の世界を照らす灯にも似ている。彼らの精神の灯は、後に続く世代に向かって輝き続けるのである。

偉人を崇拝し、尊敬するのは当然のことである。彼らは祖国を神聖なものとして敬い、自分と同時代に生きる人だけでなく、後世の人をも向上させるのだ。彼らのすぐれた手本は共通の遺産として子孫に遺され、立派な行ないや思想は人類に遺されたもっとも輝かしい宝物となる。彼らは道徳的な規範を高々と掲げ、人格の尊厳を守る。そして、人生においてもっとも価値ある本能と伝統とで心を満たしながら、過去と現在を結びつけ、未来の目的を達成する手助けをしてくれるのだ。

思想や行動に具現される人格は、滅びることを知らない。偉大な思想家の独創的な考え方は何世紀にもわたって人びとの胸の中に生き続け、いつしか日常の生活習慣に溶け込んでいく。死者が話しかけるかのごとく、その思想は歳月を超えて語り継がれ、何千年も後の人に影響を与えるのである。

モーゼ、プラトン、ソクラテス、セネカ、そしてエピクテートスは、墓石の下から今もなおわれわれに語りかけている。たとえそれが知らぬ国の言葉に直され、見知らぬ時代に伝えられていようと、その思想は人を引きつけ、人格を左右する力を持っている。

◆〝地の塩〟になる生き方こそ最高の手本だ！

先に挙げたワシントンもまた、アメリカ合衆国の宝物として鏡のごとく清らかな生き方の手本を遺している。

誠実で清純無垢《むく》な気高さにあふれた人格は、死後も変わることなく手本として人びとの胸に生き続けている。

しかもワシントンの場合、他の偉大な指導者によく見られるように、その偉大さは知能がすぐれていたからとか、才能があったからとか、老練な手腕を持っていたからとかいうわけではない。名誉を重んじる高潔で誠実な人柄や、義務の遂行に忠実な精神によるところが大きかった。ひと言で言えば、正真正銘《しようしんしようめい》の高潔な人格あっての偉大さであった。

こんな人たちこそ、祖国にとってかけがえのない生命力である。彼らは国家の意気を高め、向上させ、活気を与えて精神を高揚させる。遺産として遺した手本となるべき生き方と人格は、祖国に栄光をもたらしてくれるのだ。

「偉大な人物の名前と記憶は、天が国家に与え給うた贈り物である。それによって国全体に活気がみなぎってくると、国民の記憶の中には、死せる英雄たちの姿がよみがえり、生きている者のようにじっと見守り、うなずいてくれるのである。

こんなにもすばらしい証人が立ち合ってくれている国家は滅びるわけがない。生死にかかわりなく、彼らは〝地の塩〟なのである。かつて彼らが示した行動は子孫に受け継がれ、時代を問わず再現される。彼らは生きた手本として、それを受け入れようとする者を常に励まし、勇気づけてくれるのだ」

このように、ある著名な作家は述べている。

4 〝決断即実行〟を忘れるな！

われわれが人間としての義務を果たす時には、良心の声がささやきかける。どんなにすぐれた理性でも、良心が規制しコントロールしてくれなければ、われわれを堕落の道に誘い込む道しるべにしかならないだろう。

良心は人を自立させ、意志はその人を道徳的にまっすぐに育てていく。良心は正しい行動、考え方、信条、そして生き方など、われわれの精神面をすべて支配し、その強い影響力があってこそ高潔な人格が花開くのである。

良心はけっして大きな声で語りかけてはくれないから、意志の力が活発に働かなければ、その声もむなしく消えてしまう。

善悪どちらの道を選ぼうとも、それは意志の自由であるが、いずれにせよ、ただちにその決断を行動に移さなければまったく意味がない。

義務感が強く、とるべき行動がはっきりとしていれば、その人は良心によって高められた勇気ある意志の力で、自分の道を勇敢に進み、どんな反対や逆境に遭っても目的を達成できるはずだ。

たとえその結果が失敗に終わっても、少なくとも自分が果たすべきことを果たしたという満足感だけは残るにちがいない。

真剣に生きるとは、精力的に行動するということである。人生は雄々《おお》しく戦わねばならぬ戦場である。崇高で名誉ある決断に鼓舞《こぶ》されて、人は自分の持ち場を守り、必要とあればそこで息絶えねばならない。

昔のデンマークの英雄のように、「強い意志をもって堂々と挑み、けっして義務を果たすことに臆病《おくびょう》であってはならない」という決意を固める必要がある。

◆心の基礎トレを怠ると、一生その〝悪癖〟がつきまとう

自分の義務を果たす時に障害となるのは、主として目的意識の弱さと優柔不断である。一方には良心と善悪を区別する能力があり、反対側には怠け心、利己心、快楽や欲望を好む心がある。

あやまった方向に鍛《きた》えられた心の弱い人間は、どちらをとるか決めかねて、当分は両者の間をうろついているだろう。やがて意志の力が働くか、あるいは他の理由で、バランスがどちらか一方へ崩れ始める。そしてそのまま受け身の状態が続けば、利己心や欲望が持つ次元の低い影響力のほうが優位に立ち、人間らしさは後退し、個性は色あせ、人格は堕落してしまい、結局、その人は自分の感情だけに盲従する奴隷になり下がってしまうのである。

良心の命ずるがままにただちに意志の力を働かせ、それによって低俗なものに引かれる衝動を跳ね返すことは、道徳鍛練の重要な基本であり、理想的な人格を育てるためには必要欠くべからざるものである。

よいことをする習慣を身につけ、欲望と戦い、生まれつき持っている利己心を克服

するには、長くて辛抱強い鍛練を必要とする。

だが義務を果たすことは、一度学べば習慣として身についてしまい、それ以後はたいして苦痛にも感じなくなってくる。

勇敢な人とは、確固たる信念のもとに自分の意志を働かせ、善行を習慣とするまでに自分を厳しく鍛練した人のことを言う。

反対に臆病な人間とは、自分の意志を眠らせたままで欲望の手綱《たづな》をゆるめたために不道徳な行為をする習慣が身につき、やがて鉄の鎖《くさり》でしばられるようにその習慣にがんじがらめになってしまう人のことなのである。

◆他人の助けを借りて幸福になることはできない

人は、自分の意志を働かせることによってのみ、目的意識を強めることができる。まっすぐに立っていたければ、自分でそう努力しなければならない。他人の助けを借りていつまでも立っているわけにはいかないのである。

人は自分自身と自分の行動を管理する主人なのだ。

ストア派の哲学者エピクテートスは数々の名言を遺しているが、その中に次のようなものがある。

「われわれは人生における役割分担を自ら選んだのではなく、これについてどうすることもできない。われわれに与えられた唯一の義務は、その役割を上手《じょうず》に演じることだけである。奴隷でも執政官でも同じように自由になれる。自由は何よりも尊いものだ。自由に比べればすべては小さく見え、自由の横に並べればすべてが無意味になってしまう。自由があれば他には何もいらないし、自由がなければ何ごとも不可能である。

目を見開かず恥を知らぬ人間には、いくらさがしても幸福は見つからないと教えてやるがいい。力が強ければ幸せになれるというものではないし、富も幸せをもたらしはしない。権力も幸福とは関係ない。これらの条件が全部そろっていても幸福ではない。

幸福はわれわれの内にある。真の自由、つまらぬ恐怖心を克服する力、そして完璧《かんぺき》な自制心があるところに幸せがある。そして満足感と平和を味わえる能力があれば、貧困や病や放浪の生活にあえいでいても、いや死の影が迫る苦難の時においてすら、人は幸せを感じることができるのである」

5　この「使命感」が人を大きくする！

自分の務めを果たす責任感は、勇敢な人を支える力にもなる。それはその人を正しく導き、力を与える。

紀元前一世紀、嵐の中をローマに向けて船出しようとする将軍ポンペイウスを、命を捨てるようなものだと言って友人たちが引き止めた時、彼が返した答えは立派である。

「私はどうしても行かなければならないが、生きている必要はない」

彼にとって、自分がやらなければならぬことは、たとえ危険であろうが友人に説得されようが、どうしてもやり遂げねばならなかったのだ。

◆その場限りの評価より〝初志〟に従え！

初代アメリカ大統領ワシントンの人柄からすれば当然のことと思われるだろうが、彼の人生を支えた主な原動力はひとえに使命感であった。

彼の人格に一貫性と密度の高さと力強さを与えたのは、その性格にひそんでいた帝王にもふさわしい威厳だったのである。

果たさねばならぬことが目の前にあれば、あらゆる危険を冒しても、彼はそれを完全無欠にやってのけた。見栄のためにするのでもなければ、栄光を手に入れるためでもなく、ましてや人気とりや報酬目当てにするのでもなかった。なさねばならぬことを最良の手段でやり遂げることしか彼の頭にはなかったのである。

そのうえワシントンは非常に謙虚だった。独立戦争が起こった時、国軍の最高司令官になってもらえまいかと言われた彼は、どうしてもと頼まれるまではその地位を受け入れるのを渋った。

祖国の将来を大きく変えるかもしれない責任重大な名誉ある職務を引き受けさせられたワシントンはこう言った。

「私に寄せられた信頼を、万が一裏切るようなことになるといけないので、今日ここに正直に宣言しておきたい。すなわち私は、与えられた名誉ある職務にふさわしい力など、とても自分にはないと思っているのだ」

ワシントンは最高司令官として、そしてのちには大統領として義務を遂行することをためらわず、清く正しい人生を全《まっと》うした。よい噂《うわさ》にも、また彼の権威と信望を危機におとしいれるような下心のある噂にも惑わされず、人気を気にせずに初志を貫徹したのである。

たとえば、ジョン・ジェイが英国との間に締結しようとした和平協定の批准《ひじゅん》が問題になった時のことだ。そんな条約は否認すべきだという声が上がったが、ワシントンは自分と国の名誉を守るために、反対を押し切ってこの条約を批准した。

結果的には世間から喧々囂々《けんけんごうごう》たる非難を浴び、彼の人気も地に落ち、集まった群衆に石を投げつけられたことも実際にあったという。しかし彼は屈せず、条約を批准するのは自分の仕事、使命であるという考えを曲げなかった。そして国中から寄せられた陳情や抗議をふり切って、条約を発効させた。

抗議した人びとに対して、彼はこう答えている。

「私は、自分を支持してくれる多くの人たちへ深い感謝を捧げている。だから、自分の良心の命ずるがままに行動すること以外、その好意に報いることはとてもできないのだ」

◆自分の〝生〟をギリギリまで全《まっと》うした男の「気魄《きはく》」

エジンバラ大学の教授であったジョージ・ウィルソンの生涯は、義務を重んじる正直で勤勉な人間のそれを代表するものと言えるだろう。彼の人生は、まさに勇気と明朗さ、勤勉の典型である。

虚弱ながらも明るく活発な少年だったウィルソンは、青年期を過ぎた頃から病の兆候を見せ始め、十七歳の時、すでに不眠症と鬱《うつ》病に悩まされている。

「何だか僕はあまり長く生きられそうにない。僕は、体力を頼らずに精神力だけでやっていかなければならないらしい」と彼は当時、友人に語っている。十七歳の少年にしては、何とも似つかわしくない告白ではないか！

少年の日の告白どおり、彼は肉体的な健康については「勝負のチャンス」を与えられずに終わった。ウィルソンの生涯は、頭脳労働である学問との闘争の連続だった。

スコットランドの小さな町の郊外を強行軍した時、彼は片足を痛めてしまい、倒れんばかりにして家にたどりついた。膝《ひざ》の関節に膿瘍《のうよう》ができていたことがわかり、激痛は耐えがたく、ついに右足を切断せざるを得なかった。

しかし彼は仕事を怠けようとはせず、執筆や講義を続けた。だがリウマチと激しい眼球の炎症が次に彼を襲った。文字を書くこともできなくなった彼は、妹に筆記をさせて講義の準備をした。昼となく夜となく痛みにさいなまれ、モルヒネを打ってもらわなければ一睡もできなかった。だが、全身が消耗し切っている時に、追い打ちをかけるように肺病がその初期の症状を見せ始めた。

それでも彼は、自分の勤めるエジンバラ大学での週一回の講義を続け、ただの一度も休むことはなかった。大勢の学生の前で講義をするのは、何よりも身体にはよくない仕事にもかかわらず、である。

「さてさて、これでまた、棺桶《かんおけ》に釘《くぎ》が一本打ち込まれてしまった」

疲れ切って帰宅したウィルソンは、コートを投げ出してそう言ったものだ。

二十七歳を迎えたウィルソンは、「私の胸に秘めた友人」と自分で呼んでいたさまざまな病気をかかえながら、一週間に十時間ないし十一時間あるいはそれ以上の時間を講義に費やしていた。その頃には、すでに死の影を感じていた彼は、残された時間は限られているといった気《き》魄《はく》で仕事に没頭《ぼっとう》した。

「ある朝、突然僕の死を知らされてもけっして驚かないでくれたまえ」と彼は友人に書き送っている。しかし、そう言いながらも、暗い感傷的な気分に浸ることなど少しもなかった。力があり余っているかのように、彼は希望を失わず朗らかに仕事を続けたのである。

彼は悩むでもなく、いら立つでもなく、激情に駆られるでもなかった。それとは反対に、朗らかさを失わず苦しみに耐え、不撓不屈《ふとうふくつ》の精神にあふれていた。たび重なる災難に出合っても、彼の魂は平静で清らかなままであった。何十人分もの力を蓄えているかのように、精力的に毎日の務めを果たしたのである。

しかも、自分の一生がもうすぐ終わりを告げることがよくわかっている彼にとっていちばんの大きな心配は、本当のことを知ったならば大きな打撃を受けるにちがいない家族に、自分の病状を悟られはしまいかということだったのである。

「私は人に対して、努めて朗らかにふるまい、一日一日を死に臨《のぞ》んでいる男として力一杯生きようと努力している」と彼は言っている。

発作に襲われて死線をさまようことも何度かあったが、この頃、スコットランド産業博物館長という要職に彼は任じられた。この時以来、彼はここでの仕事に残された力をすべて注ぎ込んだ。精神的にも肉体的にも片時《かたとき》も休まなかった彼には、「働きながら死んで行く」のが理想だった。

肺や胃からの吐血《とけつ》、眠れぬ夜、痛みの途絶えぬ日々の中でも彼は講義を続け、日曜学校の講話集を書いたり、『エドワード・フォーブスの一生』という本を書き上げもした。

「義務という言葉は、私にとってこの世でいちばん重みのある言葉のように思え、何をするにもこの言葉がまっ先に頭に浮かぶのである」と彼は書き残している。針の先ほどでも力が残っている限り、仕事をやめようとはしなかったのである。

一八五九年の秋のある日にいつものようにエジンバラ大学で講義を済ませた彼は、脇腹に激しい痛みをおぼえて帰宅した。すぐに医者が呼ばれ、診断の結果、肺の炎症で肋膜炎《ろくまくえん》を起こしていることがわかった。弱り切った身体ではとても抵抗し切れず、数日後に彼は力尽きて、ようやく待ち望んでいた安らかな眠りについたのである。

第3章

自分を生かす働き方

——日々、精一杯働いているか、やりがいはあるか

1　一つの仕事に通じれば人生万事に応用できる

仕事は、行動力あふれる人格を養うためにはいちばんいい方法である。働くことによって、従順さや自制心、集中力、順応性《じゅんのう》、根気強さなどが芽生《めば》え、鍛えられていく。そして、それぞれの専門技術を伸ばして器用にこなせるようになるだけではなく、日常起こるさまざまなできごとをその場に即して、巧《たく》みに処理するコツも身につけられるのである。

仕事はわれわれを進歩向上させる生きた法則、すなわち生きるために守らねばならない法則である。大多数の人は、生きていくために必要に迫られて働かなければならない。しかし、与えられた人生を精一杯生きるためには、一人残らずすべての人が何らかの形で働く必要があるのだ。

一面で、働くことは重荷であり、懲罰《ちょうばつ》であるかもしれない。だが同時に、誇りでもあり名誉でもある。働かずしては何ごとも成就《じょうじゅ》しない。

人間の内《うち》に秘められた才能は、仕事を通して完成されるのであり、文明は労働の産物と言えるのである。働くことをやめてしまったら、アダムとイブの子孫たちは一瞬のうちに道徳的に退廃し、死に絶えてしまうだろう。

◆ローマ皇帝の遺言「働くのだ！」

怠惰《たいだ》、つまり働かずにいることは人に災いを及ぼす。さびが鉄をボロボロにしてしまうように、怠惰は人や社会をむしばんでいく。

ペルシャを征服したアレクサンダー大王は、その国民の暮らしぶりを見て「快楽を追い求める生活ほどいやしいものはなく、仕事に明け暮れる生活ほど尊いものはない。彼らは、そのことにまったく気づいていないようだ」ともらしている。

イギリスがローマの属州だった頃、ローマ皇帝セヴェルスは、ヨークシャー州ヨークにあるグランピアンの丘のふもとで倒れ、敷きわらの上で死を迎えようとしていた。そして部下に次のような最期《さいご》の言葉を遺した。

「働くのだ！」

ローマ軍の指揮官が士気を失わずに権威を保つことができたのは、たゆみなく働いたからにほかならない。

当時のイタリアでは、平凡な田園生活を送ることが市民として最高の生き方であると考えられていた。ローマの博物学者プリニウスはその様子を記した中で、勝利をおさめたローマ軍の指揮官たちは、部下とともに嬉々《きき》として鋤《すき》を握る生活に戻っていったと述べている。

「当時は将軍といえども自分の手で土を耕さなければならなかった。月桂冠《げっけいかん》をつけた鋤を持つ、勝利の栄光に輝く農夫に耕される土の喜びはいかばかりであったろう」

「働くことは恥であり、盲目的に他人に従うことだ」と軽蔑するようになったのは、あらゆる分野で奴隷を大量に使うようになってからである。ローマの支配階級はたちまちのうちに仕事を忘れ、贅沢三昧《ざんまい》な生活をするようになった。ローマ帝国の崩壊は、遅かれ早かれ避けられないものになってしまったのである。

◆怠惰は「悪魔が休息するクッション」

怠け癖は暴君などの特質である。とは言っても、人間ならば誰しも働かずに労働の産物だけを手に入れたいと願うものだ。

この願望はまったくと言っていいほど世界共通のもので、ジェームズ・ミルなどは、

「そもそも政治が行なわれるようになったのは、この願望が社会一般の利益をむだにしてしまうのを防ぐためだった」と主張しているほどだ。

怠惰は人間を堕落させ、国力を低下させる。怠け者が社会的に名を上げたためしはないし、これからもないだろう。怠け者は丘をよじ登る努力もせず、困難に立ち向かおうともしない。

怠け者は人生で失敗をくりかえす。何をやっても成功しないのは当然である。怠け者は何の役にも立たない。陰気な顔で不平ばかり言う哀れな人間で、社会にとってはお荷物である。邪魔者であり、迷惑千万な存在なのである。

サミュエル・ジョンソンは、探検家バートンが書いた風変わりでおもしろい本を読みたくてたまらなかったので、いつもより二時間早起きして読んだと言っている。

そのバートンの本の中に、こういう一節がある。

「無為《むい》に過ごすことは、精神的にも肉体的にも命とりであり、邪悪の温床《おんしょう》であり、あらゆる災いの根源であり、七つの大罪の一つであり、悪魔が休息するクッションであり、枕であり、たのもしい味方である。ものぐさな犬の毛は不潔で皮膚《ひふ》病だらけになる。怠け癖《ぐせ》のある人間が、同じ状態を避けることができるだろうか？」

◆頭と心をさびつかせない最良の方法

バートンは、さらにこう続けている。

「身体を動かすのが億劫《おっくう》になることよりも、精神が怠惰になることのほうがはるかに恐ろしい。頭がいいのに何も仕事をしないのは一種の病気である。悪い病であり、精神を腐らせるさびであり、地獄そのものである。よどんだ水たまりにうじが湧くように、怠け者の頭の中には腐った悪い考えがはびこってしまう。魂が悪魔のとりこになってしまうのである。

もっと大胆な表現をしよう。どんな社会的地位でもいい。とにかくあまり金持ちではないが、似たりよったりの幸せな暮らしをしている怠惰な人に、あり余るほどのものと望むだけの幸せと満足を与えたとする。

怠け癖が消えない限り、彼らはいつまで経《た》ってもこれでいいということがなく、心も身体も病んだままに、相変わらず疲れ切った表情でいらいらと不満を並べ立て、涙を流し、ため息をついて自分の不幸を嘆き、疑心暗鬼で社会のあらゆることにたてつくのをやめないだろう。そして、自分はどこかへ行ってしまうか、死んでしまうか、あるいは幻想の世界にでも連れて行かれたほうがよっぽどましだと思うようになる」

◆もっとも危険なのは暇な時間である

怠惰とは言っても、すべてが怠惰に染まっているわけではない。身体は怠けようとしても、頭がぼんやりしているとは限らない。ただ、身体を動かして穀物を育てないと、かわりにトゲのあるアザミが生えて怠け者の歩む人生の道に生い茂るだろう。

真の幸福は、頭脳や身体の機能が有効に活用されなければ手に入るものではない。健康や活気や喜びを失うのは身体を動かしたからではなくて、怠けたからである。仕事をすれば精神的な疲れや悩みが生じるかもしれないが、怠けている時の精神はいちばんむだにエネルギーを使うものだ。

「病気には仕事をするのがいちばんよい治療法だ」と考える賢明な医者があらわれたのも、こんな理由からである。

「もっとも危険なのは暇な時間である」とマーシャル・ホール医師は警告している。

フランスのマエンヌの大司教は「人の心は石臼《いしうす》のようなものだ。小麦を入れれば砕いて粉にする。小麦を入れなくてもやっぱり回り続けて、しまいには自分がすりへってしまう」というのが口癖《くちぐせ》だった。

◆懸命に働くから余暇が二倍にも三倍にも生きてくる

怠惰な人間は言い訳ばかりするものだ。怠け者には、働くのをいやがるくせに屁理《へり》屈《くつ》だけは上手な人が多い。

「道にライオンがいるから」とか、「あの丘を登るのはつらそうだから」とか、「やってみたけれどもだめだったし、もうやりたくない。努力するだけむだというものさ」と言う。

「何の苦労もせずに何かを手に入れたい」という願望は、心の弱さをあらわしている。手に入れるだけの価値があるものは、代金を払わなければ自分のものにならないと認めることこそ、行動力を養う秘訣である。余暇ですら、働いた結果として得たのでなければ心から楽しめない。働かずに手に入れた余暇なら、まだ代金を払っていないことになる。

仕事はどこにでもあるし、働けば当然余暇が期待できる。しかし仕事をしないで得た余暇は、おいしいものを食べすぎるのとあまり変わりない。何も仕事がない、あるいは仕事があっても働こうとしない怠け者は、金持ちであろうと貧乏人であろうと同じように味気ない人生を送ることになるだろう。

フランスのブルジュの牢獄に八回も入れられた意気地《いくじ》なしの四十男は、右腕に入れ墨をしていた。その言葉は世の怠け者たちの座右の銘とするにふさわしいだろう。

「過去は私をあざむき、現在は私を苦しめ、未来は私を恐怖におとしいれる」

◆困難は、遠ざけようとするほど近寄ってくる

神学者スタンリー卿、すなわちダービー伯爵はグラスゴーを訪れた時、次のように話している。

「仕事をしたくない人は、どんなに人がよくて、他の面では尊敬できたとしても、真に幸福にはなれないと私は信じている。仕事はわれわれの人生そのものなのだから、何ができるか聞かせてくれたら、あなたの実力を教えてあげよう」

自分の仕事に対して持つ愛情こそ、低級で下品な趣味に走るのを防ぐ最善の予防措置である。さらに、仕事を愛することは、何でもない悩みや自己愛にふけった結果生ずるいらだちが解消される最良の手段であると言いたい。

われわれはこれまで、困難や苦悩から逃れるには、自分だけの世界に閉じこもって我が身をかばう以外にないと考えてきた。多くの人がこの方法を試したが、結果はいつも同じだった。苦しみと労働から逃げ出してはいけない。この二つは人間の宿命なのだ。困難に立ち向かうのを恐れる人は、困難が自ら近寄ってくるのにいずれ気づくだろう。

怠け者は、できるだけ小さくて楽な仕事で済ませようと企《たくら》むにちがいない。しかし、自然は労働本能を公平に配分しているから、たとえ仕事は小さくても手に余るほど難しくしてやろうと企《くわだ》てているのだ。

自分さえ楽をすればそれでいいと思っている人は遅かれ早かれ、いやたぶんすぐにも自然のきびしさを教えられるだろう。

自分の責任から逃れようとする驚くべき弱さも罰を受ける。幅広い理解力がなければ、些細な問題も大きくなってしまう。そればかりか真に人間らしい生き方をするために多少なりとも有効だった精神力は、空《から》っぽの頭の中で次々と勝手にでっち上げられていくつまらぬ悩みごとのために、どんどん消耗されてしまう。

楽しみはたとえ少なくても、いつも何か役立つ仕事に従事していなければならない。

働かない者には報酬を受ける喜びは味わえない。ウォルター・スコットは語っている。

「仕事を持っているとぐっすり眠れるし、心地よく目覚めることができる。余暇を思う存分楽しむには、学問であれ義務を伴わない仕事であれ、働いたという実感を少しでも持つ必要がある」

働きすぎて命を落とした人も確かにいる。しかし、気ままに自分本位の怠惰な生活を送ったために死んだ人のほうがはるかに多い。

◆流人《るにん》となってはじめてわかったナポレオンの〝人間的すばらしさ〟

実際に生きた歳月の長さで人の寿命を計ることはできない。

どんな業績を遺し、何を考えたかによって、生きた長さを考えるべきである。自分と人のために役立つ仕事をすればするほど、考えたり感動したりすることが多ければ多いほど、本当に生きていると言える。

怠けてばかりいて何の役にも立たないような人間は、どんなに長生きをしたとしても、ただ息をしているだけの存在なのである。

その昔、キリストの教えを説いた人たちは自ら手本を示して労働意欲を盛り上げた。

「働こうとしない者は、食べることもしてはならない」と使徒パウロは説き、他人に迷惑をかけず自らの手を汚して働くことを教えたのである。

聖ボニファティウスは、イギリスでは片手に福音書《ふくいんしょ》を、もう一方の手には大工の使う物差しを持っていた。のちにドイツへ渡る時には、建築の技術を身につけて行った。ルターも、植木屋や大工、旋盤工、それに時計職人と、さまざまな職業についてまじめに働き、日々の糧《かて》を自分の手で得ていたのである。

すばらしい職人芸を見学に行くと、その職人に敬意を払い、帰り際には深々と頭を下げるのがナポレオンの癖だった。

セント・ヘレナ島で暮らすようになったナポレオンがある夫人と歩いていると、下男が数人、荷物をかついで来るのにぶつかった。夫人は怒って声を荒らげ、道を空《あ》けるようにと命令した。

が、ナポレオンは「マダム、彼らは重い荷物を運んでいるのですよ」と注意をうながしたという。

どんなに目立たぬ汚れ仕事でも社会の幸福に貢献しているものだ。

◆〝時間〟を敵にするのも味方にするのも自分しだい

怠け者は自分を引きずるようにだらだらと人生を歩む。たとえ、性格のよい面が道徳的、精神的に滅びていなくても、深い眠りについて動こうともしない。一方、活力にあふれた人物は、周囲の人に活動力と喜びを与える源《みなもと》となる。

骨の折れる単調な仕事でも、何もしないでいるよりはましだ。

詩人チャールズ・ラムは東インド会社に勤めていたが、毎日決まり切った単調なデスクワークから解放された時には天にも昇る心地がした。

「一万ポンドもらっても、あの牢獄であと十年も暮らすつもりはない」と言っている。

彼は同じように歓喜に満ちた手紙を友人に宛てている。

「手紙も書けないほど気がそぞろだ。私は自由になった！　風のように自由に。あと五十年は長生きするぞ……できることなら、このあり余る暇な時間を君にも分けてやりたいものだ！　人間にとって最高なのは何もしないことだと断言できる。その次は、そう、たぶんよい仕事をすることだろう」

それから、長くて退屈な二年の歳月が流れた。ラムの考え方はその間にすっかり変わってしまった。今や彼は、単調ではあったがあの「毎日決まり切った」事務的な仕事が、身体のためによかったのだということに気づいていた。かつては友人であった時間が、今では敵になった。彼は再び友人に手紙を書いた。

「働かないでいるのは働きすぎるよりももっと具合が悪い。精神が自分自身を食い物にしている。いちばん不健全な食べ物だ。世の中のことにほとんど興味が持てなくなってしまった……人生に絶望した人間には天国から恵みの雨は降り注がない。私にできるのは散歩だけ。それも歩きすぎて疲れてしまう。私は時間を抹殺する凶暴な殺人者なのだ。なのに何の導きもない」

スコットは疲れを知らぬ働き者だったが、彼ほど「勤勉であることが実生活でどれだけ大切であるか」に気づいていた人もいないだろう。スコットは、勤勉さが社会のために役立ち、幸せをもたらす大切な手段であることを自分の子供に教え込もうとした。学校で寮生活を送る息子のチャールズに次のような手紙を書いている。

「労働とは、神があらゆる地位の人に課せられた契約であるということが、まだおまえにはよくわかってもらえないようだ。

農夫が額《ひたい》に汗して手に入れたパンはもとより、倦怠感《けんたいかん》をまぎらすために金持ちが仕留めた獲物に至るまで、身体を動かさずに何かを得ても何の価値もない。はじめに鋤《すき》で土を耕さなければ麦が育たないように、まず働かなければ知識は人の心の中にしっかりと根を下ろさない。だが実際には、この二つの例には大きなちがいがある。麦の場合は、その時の条件や環境によって種を蒔《ま》いた人が必ずしも刈り入れられるとは限らない。人間の場合は、事故が起ころうと不幸に見舞われようと、勉強して得た知識を他人に奪われることはない。自分で獲得した何者にも束縛されない豊かな知識は、みな自分のために使って構わないのだ。

だから精を出すのだ。時間を有効に使うのだ。若い時は足どりも軽やかだし、気持ちも素直だから、知識を吸収しやすい。だが努力を怠れば、春と夏は意味もなくむだに過ぎ去り、秋の収穫はモミガラばかり、そして年老いてから迎える冬は誰にも尊敬されぬわびしいものになるだろう」

2 本物の実力者は「実務能力」の持ち主である

どんな格言を処世訓《しょせいくん》にしたかによって、その人の人格がわかることがよくある。

スコットは「何もせずに時を過ごしてはならない」を、歴史学者ロバートソンはわずか十五歳の時に「知識を学ばない人生は死に等しい」を選んだ。

フランスの思想家ヴォルテールの座右の銘は「常に仕事に励むべし」であったし、フランスの生物学者ラセペードのいちばん好んだ格言は「生きることは観察すること」であった。

仕事には、人格形成に役立つ教師としての面もある。形として結果が残らない仕事であっても、仕事をしたという事実はまちがいないのだから、何もしない冬眠状態よりはましだ。少なくとも素質を伸ばし、将来成功するための準備を整えることになるからである。

働く習慣は、さまざまな場合に対処できる組織だった方法を教えてくれる。時間の大切さを身にしみて感じさせ、先の見通しをきちんと立てて時間を有効に使う方法を身につけさせてくれる。

そして実際に訓練を積み、ひとたび生涯を捧げてもいいような充実した職業につければ、一分一秒の時間もむだにすることはないだろう。このような中で生まれた余暇は、何ものにもまさる醍醐味《だいごみ》を味わわせてくれるにちがいない。

◆有能な主婦は同時に有能なビジネス・ウーマンになり得る

「怠け者のことをむざむざと時間を殺している連中と呼ぶならば、勤勉な人は時間に生命と道徳観念を吹き込み、視覚を通してばかりでなく良心をも通して見える存在に置き換えた人と呼べるだろう。そんな人は時間を順序よく整理し、魂を与え、うっかりすれば飛んで行ってしまう時間そのものに不滅の精神を与える。

このように方向づけられたエネルギーが順序立てて整理されれば、時間は従順で忠実な下僕《しもべ》となる。時間が人間とともに生きているのではなく、人間が時間とともに生きていることになる。年月日は人が人生で果たした務めを記録する区切りのマークとして、世界が破滅しても生き残るだろう。それればかりか時間そのものが地上から姿を消してしまうまで存在するだろう」

この詩人コールリッジの言葉は真実である。

仕事に没頭することはこの組織だった方法をもっとも効果的に教えてくれるので、人格形成にもきわめて役に立つ。仕事に必要な能力は、毎日のできごとを通して他人と積極的にふれ合うことでますます伸びていく。その仕事が家庭のやりくりであれ国家の運営であれ、変わりはない。

また、有能な主婦は同時に有能なビジネス・ウーマンでなければならない。こまごました家事を整えて管理し、財布のひもをしめてきちんと計画を練り、あらゆる家事を自分のルールに従って賢明に処理していかなければならない。

能率的な家庭管理とは、勤勉さや組織だった方法、道徳的訓練、慎重さ、予測、実務能力、洞察力、そして統率力を意味する。これらはみな、たとえどんな種類の仕事でも、それをうまくこなしていくには欠くことのできない要素なのである。

◆日常の〝手際のよさ〟が天才をつくる！

実務能力は、実にいろいろな分野で活用される。実務能力とは、物事を敏速に処理する機敏性と、日常の実際的な仕事を上手に解決する能力のことである。その能力が求められるのは家庭管理や事業の経営、商売や貿易、あるいは国の政治であってもみな同じである。

さまざまな分野で生じる問題をすみやかに処理するための訓練は、実際の生活でこそ何よりも役立つのである。さらにそれは、人格を高めるためにも最高の訓練となる。

つまり勤勉さと注意力、自己犠牲、判断力、機転、そして他人に対する理解と思いやりの精神などを実際に働かせることを含んでいるからである。

こういった訓練を重ねることは、文学的な教養を深めたり哲学的思索《しさく》にふけったりするよりもはるかに充実した人生と幸福とを約束してくれる。なぜかと言えば、長い目で見ると実務能力は知性とつながりをもち、気性と習慣を才能に変えてしまうことが多いからである。ただし、これは絶えず注意力を働かせ、慎重に経験を積み重ねることによってのみ得られる一種の才能であることをつけ加えておこう。

すぐれた鍛冶屋《かじや》になるためには、一生鉄を鍛えなければならない。すぐれた管理者になるためには、死ぬまで実務を学んで実践しなければならない。

すぐれた実務能力の持ち主に最高の敬意を払うのが、スコットの特徴だった。

「いくら文学的才能があっても、実生活というより高い分野で実力のある人、とりわけ第一級の指揮官などとは到底比べものにならない」と彼は断言している。

ワシントンもまた、疲れを知らぬ実務能力の人だった。彼は子供の頃から、物事に熱中する習慣、勉強する習慣、そして仕事を秩序立ててする習慣を身につけようと努力した。

彼のノートが今でも残っている。それを見ると、わずか十三歳で領収証から約束手形、為替《かわせ》手形、契約書、債券、賃貸契約書、土地の権利書まで、味もそっけもない書類を自分からすすんで丹念に書き写している。幼い時からこうして身につけた習慣が、後年、厄介な政治問題を手際《てぎわ》よく処理してみせた驚くべき実務能力の母胎《ぼたい》となったのである。

実務の才能を発揮して偉大な業績を遺した人は、男であれ女であれ名誉に値する。名画を描く画家、名作を世に送る文学者、戦いで勝利をおさめる将軍にも匹敵するだろう。彼らは多くの困難に直面し、すさまじい争いを経験して成功を手にしたにちがいない。だが戦いに勝ったとは言え、平和的な勝利であり、その手が血に染《そ》まることはなかった。

天才と呼ばれる人間は、骨の折れる仕事をいやがるものだ、という考えを持っている人がいる。だが、これほどあやまった考えはない。

偉大な天才は例外なくみな、どんなに骨の折れる仕事でもいとわずに働いた。普通の人よりもきびしい労働に耐えたばかりか、自分の仕事により高い才能と燃えるような情熱を捧げたのである。

後世に遺る偉大な作品はけっして一朝一夕《いっちょういっせき》には生まれない。不屈の忍耐力とたゆまぬ労働があってこそ、天才たちの傑作は陽《ひ》の目を見たのである。

◆シェークスピアが才能と同時に兼ね備えたもう一つの〝力〟

力は働く者だけに与えられる。怠け者は常に無力である。世界を支配するのは勤勉な働き者だけである。たとえ身分は高貴でも、骨身《ほねみ》を惜しんで働かずに政治家となったためしはない。あのルイ十四世でさえ「王たる者は働くことを通してのみ国を治められる」という言葉を遺している。

休みなく働いて数多くの仕事を経験し、さまざまな人生のできごとを通して実際に多くの人とかかわり合うという血のかよった訓練こそが、いつの時代にも固い信念を持った人の活力あふれるバイタリティとして実を結ばせたのである。

洗練され鍛え抜かれた実務の習慣は、政治や文学、科学、あるいは美術と、あらゆる職業において役に立つ。

文学の傑作の多くは、体系的に自分の職業を追求した人によって書かれている。勤勉さや注意力、時間の節約などのような、ある職業で効果的な要素は他の職業でも同じように効果的なのである。

イギリスの初期の作家は、みな忙しい人ばかりで実務の技能もみっちり教え込まれた。聖職の階層はあったかもしれないが、文壇という分野はまだはっきり区別されていなかった時代である。シェークスピアは劇場の経営者であり、下手《へた》な役者でもあった。彼は、文学的な才能を磨《みが》くことより金もうけのほうに関心が高かったのである。

こういった実務の習慣を身につけた活力あふれる人物の姿は、いつの時代にも偉大な作家の中に求められる。エリザベス一世とジェームズ一世の時代は、文学活動が活発で数々の名作を遺した時代として特に際立っている。

確かに実務の習慣は、洗練された教養人を科学的もしくは文学的な職業に不向きにするどころか、かえってまたとないようないい訓練になることが多かった。ヴォルテールは「文学も実務も精神は同じである」と主張している。

活力と慎重さ、洗練された知性と実際的な智恵、活動的要素と思索的要素がそれぞれ一つにならなければ、すなわちベーコンが「凝縮《ぎょうしゅく》された人間性の極致」と呼んだ結合が行なわれなければ、どちらも完成されるものではない。

たとえ豊かな才能に恵まれた作家でも、毎日真剣に実務にたずさわる生活をしていなければ、人間関係や日常のできごとを扱っても人の心を打つ作品は書けないのだ。

このように、現存する名作の多くは実務にたずさわっていた人によって書かれる結果となった。彼らにとって、文学は仕事というよりもむしろ気晴らしだったのである。

批評誌『クォータリー・レヴュー』の編集長ギフォードは、生活の糧を得るためにものを書くことがどんなに疲れるかを知っていたが、ある時、次のようなことを言っている。

「一日中働いて、ようやく手に入れた文章を書くための一時間は、文学を商売にしている男のまる一日の労働にまさる値打ちがある。この一時間は、まるで鹿が小川の水を飲んで渇《かわ》きをいやすように、歓喜に満ちて魂をよみがえらせる。文学者のまる一日の労働は、息も絶え絶えにうんざりしながら、必要に迫られて惨めな道を歩いているだけのことなのだ」

3　楽しんで働くから〝いい仕事〟ができる

もっとも理想的な教養は、物事に熱中し、勤勉に働く習慣を身につけて精神を鍛え、急場を切り抜ける才覚を育てて力強く躍動する自由を生み出すことである。これらはみな、実務の面で成功をおさめるためになくてはならない条件である。

だからこそ若い人の教育や学問の場では、まじめで堅実な性格をそれとなく教えるのだ。こんな性格には注意力や勤勉さ、そして学問の道をきわめるために必要な能力とエネルギーが常に含まれているからである。

そしてこんな性格の人は一般に、普通の人よりも決断力があり、手際よく臨機応変に物事を処理する能力も備わっている場合が多い。

◆考える以上に行動すること

モンテーニュは真の賢人について、「もし彼らが科学に精通しているならば、行動ではそれよりもさらにすぐれている。自分の立証した事実がくつがえされると、突然嵐のように気持ちが高ぶり、知識によって魂が異常なほどに湧き立つのが目に見えるのだ」と語っている。

極端な空想的文学や哲学的文学に走ったり、特にそれを習慣として固めてしまったりすると、日常生活では実務能力の欠けた人間になってしまう可能性が大きいことも忘れてはならない。

思索能力と実務能力は別のものである。書斎にこもってペンを握り、人生や自分の方針について遠大な理想を練り上げる能力がある人物でも、書斎を一歩出れば、その理想を具体的に実現するには適さないことがわかるはずだ。

思索能力は旺盛な思考力を必要とし、実務能力は精力的な行動いかんによって発揮される。そして、普通この二つの能力はバランスを欠いて結び合わされている。

思索的な人間は優柔不断な傾向がある。彼は一つの問題をあらゆる角度から考える。巧みに組み立てられた賛否両論の意見にはさまれて、行動は宙ぶらりんの状態になり、結局はどっちつかずに終わってしまうことが多い。

ところが実務的な人間は、理屈っぽい前置きは抜きにしてはっきりした確信に到達し、自分の信念を行動に移すために前進するのである。

偉大な科学者の中にも、すぐれた実務能力があることを証明してみせた人は多い。アイザック・ニュートンが学問の知識豊かな賢人だったからといって、造幣局監督官としての評判を落としたという話は聞いたことがない。ドイツのフンボルト兄弟は文学や哲学、言語学、鉱業、それに外交や政治など、何をやらせても同じように才能を発揮している。

◆ナポレオンが廷臣に求めたのも〝実務能力〟だった

ナポレオンが科学者に抱いていた意見を考えてみると、どうやら彼は科学者の助けを借りて行政力の強化をはかったらしい。

彼に選ばれた科学者の中には失敗した者もいるが、反対に見事に成功したケースもある。フランスの数学者ラプラスは内務大臣の地位についたが、任命されてすぐにまちがいを犯してしまった。のちになって、ナポレオンは彼のことをこう語っている。

「ラプラスは問題の核心を的確につかみとることをせず、常に末梢《まつしょう》的なものを追い求めていた。彼の意見はどれをとってもわかりにくかった。つまり、微分積分の細かい計算の精神を実務の管理に持ち込んでしまったのだ」

結局、ラプラスのこの習慣は書斎の中ですっかり固まってしまい、それを実際に応用するには、彼は年をとりすぎていたのだった。

ダルーの場合はその反対だった。彼には、実際に実務の訓練を受けたという強みがあった。マセナ元帥《げんすい》のもとで軍隊の監督官としてスイスで働いたことがあり、その間に作家としても名を上げた。政府の評議員及び宮廷監督官という職をナポレオンにすすめられた時、ダルーはとまどった。

「私は書物にうずまってもはや人生の大半を過ごし、廷臣とはどんなものか学ぶ時間がありませんでした」

するとナポレオンはこう答えた。

「廷臣ならば余《よ》のまわりにたくさんいる。数の上では不足がない。余が欲しいのは堅固な意志をもってまじめに働き、みなを啓蒙する能力のある監督官なのだ。だからこそおまえを選んだのだ」

ダルーは皇帝の希望を受け入れ、ついに首相にまでなった。そこでも能力を存分に発揮した。そして死ぬまで謙虚で品行方正で公正無私な態度を失わなかった。

◆鋭気を養う「自分の時間」の効果的な使い方

実務能力を身につけた人は働くことが習慣になっているので、何もせずにいることに耐えられない。何かの事情で専門の仕事を捨てざるを得なくなっても、ただちにまた他の仕事に自分の居場所を見つける。勤勉な人は、余暇の貴重さを味わうためにすぐさま仕事を見つける。勤勉な人には余暇があるが、怠け者には仕事も余暇も何もない。

「余暇を使わぬ人間に余暇はない」とジョージ・ハーバートは述べている。

「活動的な人、忙しく働く人は、仕事の成果を期待しながら、解放された暇な時間を充分に楽しむことができる。だが退屈し切っている人、物事をさっさと片づけてしまわない人、他人に任せたほうがよほどうまくいく問題にもくちばしをさしはさむような人、くだらない軽薄な野心を抱く人にはそれができない」

これはベーコンの言葉である。

このようにして、偉大な業績の多くは、勤勉さが第二の人格となり、働いているほうがぶらぶらと過ごすよりも楽だと考える人たちが、この「余暇の時間」を利用して成し遂げたものである。

たとえ趣味であっても労働能力を養うには役に立つ。趣味はある種の勤勉さを要求し、少なくともその人にとっては楽しい仕事を提供してくれる。

ただし、恐怖政治を行なったローマ皇帝ドミティアヌスのように、ハエをつかまえるような趣味は困る。ランタンをつくったマケドニアの王、錠前《じょうまえ》をつくったフランスの王などの趣味はこれに比べればはるかにましと言える。決まり切った機械的なものでも、いつも何かの圧力を受けながら働いている者にとっては救いになる。仕事の中休みであり休息であり気晴らしであり、結果はともかくとしてそれをする過程が楽しみなのである。

だが、趣味の中では知的なものがいちばんいい。一日の仕事を終えた活動的な人は、もう一つの仕事に楽しみを求める。科学に、芸術に、そして大多数の人は文学に余暇をあてる。

このようなレクリエーションは、自分本位な考え方と陳腐《ちんぷ》な俗っぽさを防ぐもっともよい手段なのである。

だが、知性的な趣味も凝《こ》り固まりすぎるのはよくない。それでは鋭気を養ったり、気晴らしをしたりすることにはならない。疲れ果てて気力を失い、気分が落ち込んだままでは仕事に戻るだけの効果しかないからである。

仕事を終えてからペンをとり、文章を書いて余暇を楽しんだ有能な政治家は多い。その作品は世界でも一流のものとして知られている。シーザーの『ガリア戦記』は今でも古典として生き残っている。

◆寿命を縮《ちぢ》めるだけの「だらだら人生」

結論は、無理のないように適度に働けば、身体のためにも精神のためにもよいということである。人間とは、肉体によって支えられ、みずみずしさを保っている知性的存在である。身体を動かすことは健康のためになるのだ。

害があるのは働きすぎの場合であって、働くこと自体ではない。そして、きびしい仕事よりもっと悪いのは退屈な仕事、体力の消耗が激しい仕事、先の望みがまったくない仕事である。

将来が期待できる仕事は健康的だ。社会の役に立ちながら、希望に満ちて仕事をすることは幸福の鍵を握る秘訣である。ほどよい頭脳労働は、他の仕事に比較してもけっして疲れるものではない。節度を守って規則正しくやれば、身体を鍛えるのと同じように健康を増進させる。身体の調子に充分な注意が払われていれば、自分の能力以上の負担はかけられないものである。ただ食べて飲んで寝るだけで、だらだらと一生を送ってしまうほうがはるかに有害である。仕事に励むことよりも無為な生活をするほうが、ずっと早く人間を消耗させてしまうものだ。

ただし、働きすぎは何と言っても不経済である。心配ごとが伴う場合は、特にはなはだしい消耗である。心配ごとは働くことよりもはるかに人間を立ち直れなくしてしまう。心配ごとがあると、始終いらだったり興奮したりして身体が弱ってしまうものだ。激しい摩擦を生じさせて機械の歯車をぼろぼろにしてしまう砂のようなものである。働きすぎと心配ごとには用心したほうがいい。

過度の頭脳労働は重い負担になる。能力以上に重荷を背負うことになるので、疲れ果てて絶望的になってしまうのだ。体力の限界を超えた目覚ましい技を見せようとして、筋肉や背骨を痛めてしまう体操の選手のように、頭脳労働者も、度を超せば神経が疲れ切ってバランスを崩してしまうだろう。

4　心の鍛え方しだいで「日々の迷い」は簡単に吹っ切れる

自分を制するとは、言ってみれば別の形をとった勇気のことである。そして人格になくてはならない基本要素であると考えられている。

シェークスピアが『ハムレット』の中で、人間を「後先を考える生き物」と定義したのは、この自制という美徳について言ったのである。これが人間とただの動物を分ける大きなちがいである。事実、自制心なくして本当の人間らしさはあり得ない。

自制はあらゆる美徳の根源である。衝動と情熱のおもむくままに行動すれば、人はその瞬間から精神的な自由を明け渡すことになる。押し流され、しばらくは自らのもっとも強い欲望の奴隷になり下がってしまうのだ。

動物よりもましな状態、つまり精神的に自由であるためには、本能的な衝動を抑えなければならない。それは自制心を働かせることによってのみ可能なのである。この力こそ肉体と精神をはっきり区別するものであり、われわれの人格の基礎を形づくるものである。

聖書は「町を占領した」力の強い者よりも、「自分の気持ちを抑えた」心の強い者をほめたたえている。心の強い者とは、きびしく自分を鍛えながら、考え方や話す言葉、あるいは行動を常にコントロールしている人を言う。

社会をむしばみ、社会に恥をさらすような犯罪を起こす恐れのある邪悪な欲望も、そのほとんどは、勇気ある自己鍛練、自尊心、そして自制心の前では影が薄れてしまうだろう。これらの美徳を身につけるように努力すれば、いつしか清らかな心でいることが習慣となり、人格は純潔無垢の美徳と自制心に育《はぐく》まれながら形成されていくのである。

◆どれだけよい習慣を身につけたかで人間の価値は決まる

人格を支える最良の柱となるのは、いつの場合にも習慣である。その習慣に従って意志の力がよいほうにも悪いほうにも働き、場合に応じて慈悲深い支配者になったり残酷な独裁者になったりする。

われわれは習慣に自ら喜んで従う家臣になるか、屈従する奴隷になるかである。習慣は善の道を歩む者を助けてくれるか、破滅への道に人を追いやるか、どちらかなのだ。

習慣は用意周到な訓練によってつくられる。規則正しい訓練と実習がどれほどの効果を上げるか、それはまさに驚異である。

たとえば、町でつかまえられたならず者《もの》のように、先の見通しが絶望的な人間でも、まじめに訓練と実習をくりかえせば正真正銘の勇気と忍耐力と自己犠牲の精神が身につくようになるのである。

激しい戦場や、船火事の起きたサラ・サンド号や難破したバーケンヘッド号のような恐ろしい災害に出合った時、精神を鍛え抜いた人がどれほど勇敢で英雄的な行動に出たことだろう！

道徳的な精神を鍛え、実習してみることは人格を形成するうえでも影響がある。これがなければ正常で規律正しい日常生活を送ることはできない。自尊心を養い、服従する習慣を学び、義務の観念に目覚めるのも、みなこの鍛練と実習を通してである。

独立独行の精神を持った自制心の強い人には、みな鍛練の積み重ねがある。その鍛練がきびしければきびしいほど、道徳的にも高められるのだ。

自分の欲望を努めて抑え、それよりももっと強い力を持った天性に服従するのである。心の中に住む訓戒者、つまり良心の命令に従わなければならない。さもなければ、衝動と感情に任せて自分の好き勝手に行動する、ただの遊び人になり下がってしまうのはまちがいない。

社会学者ハーバート・スペンサーは述べている。

「すぐれた自制心は、理想的な人間が持つ完璧さの一つに数えられる。われわれは衝動に走らず、次々に自分を襲うさまざまな欲望にも惑わされず、自制し、心の平衡《へいこう》を保ち、頭に浮かんだいくつかの感情を整理整頓《せいとん》してその最終的な決定に従わねばならない。そうすれば、とるべき行動はいずれも熟考を重ねたうえで冷静に決められるはずである。この努力がすなわち教育、いや少なくとも道徳教育を施《ほどこ》すことにつながるのだ」

◆人生を明るくする〝ちょっとした〟習慣

最初で最高の道徳的訓練を積む義務教育は、家庭で行なわれる。その次が学校で、最後は実生活の巨大な道場、すなわち社会である。それぞれが次の段階への準備期間である。

われわれがどのような人間になるかは、それぞれで過ごした内容いかんにかかっている場合が多い。家庭や学校教育のよいところを一つも経験せず、やりたい放題でしつけもされず、教育も訓練も受けていなければ、自分自身ばかりでなく自分が一員として参加する社会にとっても悲劇である。

規律のある家庭では訓練が完全に行き届いているばかりでなく、それが少しも目立たないものだ。

道徳的訓練は自然法則の力と一つになって行なわれる。訓練されるべきものは、無意識のうちにこの力に動かされる。この訓練がわれわれの全人格を形成し、一生ついてまわる習慣を育てる。しかし、特別に訓練したという感じはほとんど受けないのである。

道徳的資質は、家庭における早期訓練と周囲の人の手本によって開発されると同時に、持って生まれた性格や肉体的な健康状態に負う部分も大きい。

しかし、注意深く忍耐強い自制心によって、道徳的資質を律しながら訓練を怠らない個々の努力もけっして忘れてはならない。ある有能な教師は、「性格や習慣はラテン語やギリシャ語と同じように教え込めるものである。それればかりか、人間の幸福にとってはこちらのほうがずっと大切なのだ」と語っている。

ジョンソンは気分がふさぎ込みやすい性質で、若い頃から悩んでいた。

「機嫌《きげん》、不機嫌は、その人の意志に左右されることが多い」と彼は言っている。

何ごとにも耐えて満足感を味わう習慣をつけるか、不平ばかりもらしていつも不満な状態でいる習慣をつけるか、そのどちらかである。まかりまちがえば小さな悪を誇張し、大きな幸せを過小評価する癖がついてしまうかもしれない。とるに足りない災難にくじけ、その犠牲にさえもなりかねない。このように、われわれは訓練しだいで明るい気質にも病的な気質にもなり得るのである。

物事をよいほうに明るく解釈し、人生を希望的に考える習慣は、他の習慣と同じように育てられるものなのだ。

「何が起こっても、いちばん好ましい部分だけを見るようにする習慣は、一年に千ポンドもらうよりも価値がある」というジョンソンの言葉も、けっして大げさではない。

◆忍耐と自制心は人生街道を平らに均《なら》してくれる

信仰に厚い人の一生は、きびしい自己修養と自制心によって支えられている。まじめで注意深く、悪を避けて善を行ない、魂の領域に足を踏み入れ、死に対しては忠実で、不運に耐え、すべてを成し遂げた後はじっと運命を待つ。

よこしまな精神と闘い、この世の邪悪を支配する者には敢然と立ち向かう。固い信仰心で心を清め、善を施すのに疲れを知らない。気力を失わぬ限り、時が来ればどれもこれもみな収穫できるからである。

実務に長じた人間も、きびしいルールや手順に従う必要がある。仕事でも人生と同様に道徳的な資質が大きな役割を果たす。成功するためには、どちらにも性癖を規制し、自分だけでなく他人にも賢明な指図を与えるような注意深い自己訓練が必要なのである。

忍耐と自制心は人生街道を平らにし、閉ざされているはずの道をいくつも切り開いてくれるだろう。自尊心を持つことも同じく大切だ。自分自身を尊ぶ者は、他人も尊敬するのが普通だからである。

政治の世界もビジネスの世界と変わりがない。この分野で成功をおさめるには能力よりも性癖、非凡な才能よりも人格がものを言う。自制心がなければ忍耐力も弱く、思いやりにも欠けて自分はおろか他人を指導する力もない。

ある時、政治家のピットを囲んで総理大臣としていちばん大事な才能は何か、という話が出たことがある。「上手に演説すること」「豊富な知識を持つこと」「骨身を惜しまず働くこと」などと意見が出た。するとピットは、「いや、どれもちがう！　いちばん大事なのは忍耐だ」と答えた。つまり忍耐とは自制することであり、ピット自身この点では完璧に近かった。

友人は、ピットが癇癪《かんしゃく》を起こしたのを一度も見たことがない、と敬服している。忍耐は一般に消極的な美徳だと言われているが、ピットは行動だけでなく、気力とすばやい機転とを忍耐に結びつけ、驚くほど前向きの姿勢をとったのである。

5　自分の中の「未知のエネルギー」を掘り当てる！

激しい気性は必ずしも悪い気性ではない。だが、気性が激しければそれだけ、自制と自己修養が必要になってくる。

ジョンソンは「人は年をとるにつれて人間ができてくるし、経験を積めば積むほど進歩する」と言っている。だがこれは、その人の性格の幅の広さと深さ、そして度量の大きさにかかっている。

人が破滅に追い込まれるのはあやまちを犯したからではなく、それを犯した後でその人がどういう態度をとるかによるのだ。賢い人は自分が引き起こした災難をよい薬にして、二度と同じことをくりかえさない。だが、どんな経験を味わっても何一つ学びとろうとせず、時とともにますます心が狭く不機嫌になり、堕落していく人もいるものなのである。

若い人の場合、激しい気性というと爆発寸前の未完成のエネルギーを指すことがよくある。そのエネルギーも、正しいはけ口を与えられれば有効に役立つにちがいない。

◆「嵐の海でじっと耐えている岩」のように我慢強く！

激しい気性とは興奮しやすい強い意志をさすだけのことなのだろう。上手に抑制しないと発作的に情熱が爆発してしまう。

だが、適当に抑制されてスチーム・エンジンの中に押し込められた蒸気がサイドバルブと調圧器とレバーによって調整されるように、こういった気性も何かの力で上手に動かされれば、有効なエネルギー源となって社会に役立つにちがいない。

歴史に残る人物の中には激しい気性の持ち主もいるが、同時に彼らは自分の原動力を厳格に規制しコントロールする強い決意も併《あわ》せ持っていたのである。

クロムウェルも、若い頃は無軌道で激しい気性だったと言う。怒りっぽくて何を考えているのかわからない、こわいもの知らずなその気性は、若々しく旺盛なエネルギーと結びついて、さまざまな形で彼に若気《わかげ》のあやまちを犯させた。生まれ故郷では札《ふだ》つきの極道者《ごくどうもの》とまで言われ、悪への道をひたすらに走り続けるかに見えた。その彼を救ったのは宗教の力である。

カルヴィニズムの鉄のような規律が、たけり狂った彼の気性をしずめ従わせるのに成功した。そして旺盛なエネルギーはまったく別の新しい方向に向けられ、公《おおやけ》の場にそのはけ口を求めるようになった。その結果、彼は二十年近くにわたってイギリス全土をゆさぶるような強い影響力を持つことになったのである。

オランダのナッサウ家の英雄的な王子たちも、みなこれと同じ自制や自己犠牲、強い目的意識を持っている点ですぐれていた。初代国王ウィレム一世がウィレム・ザ・サイレント（沈黙）と呼ばれたのは、無口な男という意味ではなく、しゃべらないほうが賢明だと思われる時には口をつぐみ、祖国の自由をおびやかす恐れがある時には自分の考えを述べるのをひかえたからである。

必要とあれば、彼はとうとうと力強く自分の意見を発表した。その態度があまりにも穏やかでなだめすかすようなところがあったので、対立する者は、彼を内気で優柔不断な男とまで酷評している。だが、行動する時が来ると、彼の示す勇気は英雄的であり、その決断力の強さでは誰にも負けなかった。

アメリカの歴史家モトリーはオランダ史について研究をしていたが、彼によれば、

「〝怒濤《どとう》さかまく嵐の海でじっと耐えている岩〟とは、ウィレム一世の友人が彼の意志の固さを表現する時に好んで使った言葉」だったのである。

◆「激情と抑制力」のバランスがとれる人になれ！

モトリーはウィレム・ザ・サイレントとワシントンを比較している。この二人には多くの共通点があった。ワシントンはウィレム同様に、尊厳さや勇気、純粋さ、そして人間として最高の資質の権化《ごんげ》として歴史の中でも特に際立っている。

彼は困難や危険に直面した時でさえ自分の感情を抑えようとしたが、そんな彼の姿は、生まれつき落ち着いていて無感動な性格の男にさえ見えた。

しかし、生来ワシントンは気性が激しく、物事に熱中しやすいタイプだったのである。他人に対して見せたやさしさや穏やかさ、礼儀正しさ、思いやりなどはすべて、少年時代からたゆみなく実行し続けてきた厳格な自制と自己修養のたまものだったのである。

ワシントンの伝記の著者は言っている。

「彼は物事に熱中しやすくて情熱的な性格だった。その彼がさまざまな誘惑や刺激を切り抜けられたのは、感情を抑制する努力を常に怠らなかったからである。彼は激しい感情を持っていて、歯止めがきかなくなる時もあったが、ただちにそれを抑制する力も持っていた。彼の人格でいちばん目立つのは自制心の強さではないだろうか。訓練の結果そうなった部分もあるが、他人には与えられていないこの力を、彼は生まれつきある程度持っていたように思われる」

詩人ワーズワースは子供の頃、強情で気まぐれで乱暴で、折檻《せっかん》されても意地を張って反抗していた。だが人生経験が彼の性格を鍛え、しだいに自制心を働かせることを学んでいったのである。

子供の頃の性格は、後年、彼の作品を批判攻撃する人に立ち向かう時に役立ったのである。自分の才能に対する自己意識とともに、ワーズワースの一生をもっとも特徴づけるのは自尊心と独立独行の精神であろう。

◆大学者の底流にあったマグマの〝噴火口〟

身体は弱くても明るい性格に恵まれれば、その人の魂は行動的で力強く、きわめてすぐれたものになる。

ティンダル教授は、ファラデーの性格と学問の研究における彼の自己犠牲的な働きぶりを明快に説明している。その中でファラデーを〝強い独創性と火のような激しさまで持ちながら、やさしさと繊細《せんさい》さを失わない男〟として描いている。

「やさしくてもの静かな彼の態度の下には、火山のような熱が秘められていた。彼は物事に熱中しやすい激しい性格の男だったが、まれに見る自己修養を通してその情熱を人生でいちばん大切なものに注ぎ、目的達成の力に変えたのである。一時の情熱に駆られて無意味にその力を浪費《ろうひ》したりしなかった」

ファラデーの人格の中でも特に注目に値するすばらしい長所が一つある。それは、自制とは同類の自己犠牲である。分析化学の研究に没頭していた彼は、その気になりさえすれば経済的にも巨大な富を手にすることができた。しかし、ファラデーはこの誘惑をしりぞけて純粋に学問を追究する道を選んだのである。

「鍛冶屋の息子で製本屋の見習いは、これからの人生を考えて十五万ポンドの財産をとるか、一銭にもならない学問をとるかを決めなければならなかった。彼は学問を選んだ。そして貧しい生活の中で死んでいった。だがファラデーの名は、イギリスの学会に栄光をもたらした者として高く評価されねばならない」

6 「沈黙は金」の本当の意味を知る

幸福をつかむためには、行動ばかりではなく言葉をコントロールすることも必要である。げんこつでなぐるよりも人を傷つける言葉があるものだ。人は剣を使わなくても、とげとげしい言葉で相手の胸を刺すことがある。

「言葉の一撃は槍《やり》の一撃よりももっと鋭い」というフランスのことわざがある。辛らつで当意即妙な言葉が口もとまで出かかる。それが声になれば相手を困惑させるのはわかっていても、言うまいと努力するのは何とつらいことか！

スウェーデンの女流作家ブレーメルは、著書『家庭』の中で言っている。

「神は言葉が持つ破壊的な力から私たちを守っていてくださる！　鋭い刃物よりも胸を深く切り裂く言葉がある。一生胸に突き刺さったまま忘れられない言葉がある」

◆その〝ひと言〟が運命さえも左右する！

人格は、言葉をどのようにつつしむかにもあらわれる。分別をわきまえ、抑えることを知っている人は、他人の感情を犠牲にしてまで侮辱的で情け容赦のない言葉を口にしようとはしない。ところが鈍感な人間は、歯に衣着《きぬ》せずに思ったことをずばりと言い、たとえ冗談にもせよ、友人を傷つけてしまうのだ。

「賢者の口は心にあり、愚者の心は口にある」と言ったのはソロモンである。

しかし愚者でなくても、我慢する気持ちと自制心が欠けているために、後先を考えずにむちゃなものの言い方をする人がいる。

頭をすばやく回転させ、おそらくその場の座興《ざきよう》で痛烈な言葉を吐《は》くような衝動的な天才は、皮肉やあてこすりを勝手に言うものだ。それが、いつかは自分の身に跳ね返って命とりになる。相手をからかうつもりで機智に富んだ意地悪ばかりを言っていたために失脚した政治家さえいる。

「われわれは、言葉づかい一つで多くの友情と国家の運命が分けられる事実を肝に銘じておかなければならない」とベンサムは語っている。

才気に富んではいるが、相手にとって苛酷に思われる文章を書きたい時は、我慢しにくいところだろうが、ひとまずペンをおくほうが無難《ぶなん》である。

「ガチョウのわめき声は、ライオンの爪よりも痛みを感じさせることがある」とスペインのことわざにもある。

カーライルはクロムウェルについて、「彼は気持ちを心にしまっておけない男だったので、思いやりを表わす気くばりができなかった」と述べている。ウィレム・ザ・サイレントに対立する者は、彼の口から横柄で軽率な言葉を聞いたことがないと感心している。ワシントンもまた、ものを言う時には慎重に言葉を選び、敵をやり込めたり、議論で一時の勝利を手に入れようなどとはしなかった。

結局、世間はいかなる時にどのようにして沈黙を守るべきかをわきまえている賢者のまわりに集まり、支持するようになる。

◆〝沈黙にまさる言葉〟を口にせよ

豊かな経験を積んだ人が、「あの時話すのではなかった」と後悔しているのをよく聞く。しかし、沈黙したのは失敗だったと悔やんでいるのは耳にしたことがない。

「黙れ、さもなくば沈黙にまさる言葉を口にせよ」とピタゴラスは言った。

「ふさわしいことを話すのだ。それができなければ黙ることだ」と言ったのはジョージ・ハーバートである。

詩人リー・ハントが「紳士的な聖人」と呼んだ、反宗教改革の指導者であるフランスのカトリック司教フランソワ・ド・サールは、「気難しい口調で真実を述べるくらいならば、沈黙を守っているほうがましだ。おいしい料理にまずいソースをかけるようなものだから」と言っている。また、同じフランスのカトリック神学者ラコルデールは言葉をはじめに、沈黙を二番目に置いている。いわく、「沈黙は、言葉に次いで強い力を持つ」と。

だが、時を得た言葉は何と力強いことか！　ウェールズの古いことわざにもあるように「黄金の言葉は祝福された者の口にある」のだ。

スペインの有名な詩人デ・レオンについての次のような話は、彼の自制心の強さを物語るものであろう。

彼は、聖書の一部をスペイン語に翻訳した罪を問われて宗教裁判にかけられ、暗い牢屋に数年間閉じ込められていた。やがて釈放され、教授の職に戻ることができた。最初の講義に詰めかけた大勢の人は、長い獄中生活の話が聞けるものと期待し、耳をすませていた。

だがデ・レオンは、自分を牢に閉じ込めた相手を非難するほど愚かでもなければばたけだけしくもなかった。彼は五年前に、心を残しながらも中断しなければならなかった講義を再開し、いつもの決まった挨拶を済ませると、すぐに本題に入っていった。

◆〝正義〟にこだわりすぎて狭量になってはならない

逆に、怒りをあらわすのが当然なばかりか、必要ですらある場合ももちろんある。欺瞞《ぎまん》やわがままや残酷な行為に怒りを感じるのはあたりまえである。人間らしい感情を持っている人は、たとえ怒る義理はなくとも卑劣《ひれつ》であさましいものに対しては、それが何であれ自然に腹が立ってくるものだ。

「怒りを感じられない人間はどうしようもない。世の中には悪人よりも善人のほうが多く、悪人は善人よりも大胆だという理由だけで優勢を保っているのだ。

われわれは決断力の強い人間をどうしてもほめたくなる。われわれがよく悪人の味方をするのは、悪人がこの力を持っているからにすぎない。確かに私は、しゃべらなければよかったと後悔することがよくある。が、黙っているのではなかったとくやしく思ったこともけっして少なくなかった」

こうペルテスは述懐している。

正義を愛する者は、まちがったことや不正な行為に目をつぶっていられない。気持ちが高ぶれば、心にたまったものを激しい調子で言い表わす。とは言っても、われわれはあわてて他人を軽蔑したりしないように用心しなければならない。善良な人は得てしてことを急ぐ傾向にある。熱心さを表わすこの気性が、そのまま狭量さにつながることもよくあるのだ。

度量が狭いのを直すもっともよい方法は、知識をふやして幅広い人生経験を積むことである。洗練された思慮分別があれば、道徳的なあやまちを許せないようなせっかちな人間がおちいりやすいわなにはまらないで済むだろう。

思慮分別のある人とは、日常生活で起こる現実的なできごとを公平に判断し、思いやりのある慎重な行ないのできる人をさす場合が多い。すなわち、教養も経験もある人はみな心が広く、自分を抑えることができる。愚かで心の狭い人はいずれも執念深く、かたよった考え方しかできないのである。

器の大きな人は、持っている実用的な知識にふさわしく他人の欠点や弱みを大目に見てやることができる。人格形成の段階において身につくはずの環境をコントロールする力と、あやまちや誘惑におちいりやすい人の抵抗力の弱さを考慮に入れてやるゆとりがあるのだ。

ゲーテは言っている。

「私がこれまでに見てきた罪悪は、どれもみな一歩まちがえば自分も犯していたかもしれないものばかりだった」

人生は、そのかなりの部分を自分の気持ちの持ちようでつくっていけるものだ。陽気な人は人生を楽しく、陰気な人は人生を重苦しく暗く過ごしていく。自分の性格そのものがまわりの人から跳ね返ってくるのに気づくことはよくある。執念深くて思いやりがなければ、まわりの人も自分に対して同じ態度をとる。

ある夜、パーティ帰りの人がパトロール中の警察官に、うさんくさい奴《やつ》が自分の後をつけて来ると訴えた。調べてみると、何とそれはその人自身の影だったということである。これに似たことはお互いに経験があるはずだ。人生は、大部分が自分を映す鏡なのである。

◆〝敵意〟はブーメランのように戻ってくる!

人と仲よくし、信頼されたいと思うなら、相手の人柄に好意を払わなければならない。人の顔や姿がみなちがうように、考え方も性格も十人十色《といろ》で、それぞれに特徴がある。自分がそうしてほしければ、こちらもそのちがいを上手に受け入れなければならない。人とちがう自分の特徴には気づきにくいが、はたから見ればはっきりしている。

自分が人とちがう点を、他人はどう思っているのだろうかと気に病む人は意外に多い。ある人は他人の冷たい態度だけを気にしすぎて、勝手に絶望的になってみたりする。

しかし、周囲が自分に対して情け容赦ない態度をとるときは、自分自身が短気で思いやりのない場合が多い。自分が思い悩んでいる心配ごとが、実は自分勝手な想像の産物である場合はそれ以上に多い。

思いやりのない人間だと思われても、相手に怒りをぶつけて問題を解決しようとしてはならない。それでは相手の気まぐれやひねくれた根性に不必要に身をさらすことにしかならない。

「自分の口から出た敵意が、自分の胸の中にころがり込んで来ることがよくある」

そうジョージ・ハーバートは語っている。

偉大で善良な学者ファラデーは、現実に即した知識と豊かな経験から生まれた見事な忠告を、友人であるティンダル教授に書き送っている。

「長い人生の経験を積んで、今ではいくぶんなりとも世の中のことがわかるようになったこの老人にひと言、言わせていただきたい。

若い頃の私は人の気持ちを正確につかめず、自分の想像と、その人の本当の気持ちはくいちがったものだった。一般的に言って、敵意を含んでいるように思える言葉にはなるべくいつまでも理解できない顔をし、反対に相手がやさしい好意を示していると思ったら、すばやくそれを感じとるようにしたほうがうまくいくようである。

いずれにしても、真意はいつか必ず姿を現わす。そして、自分に対立する相手のほうがまちがっている場合には、言葉で打ち負かすよりも寛大な気持ちでこたえてやったほうが、相手はそのあやまちをすばやく認めるものである。つまり私が言いたいのは、理に合わない偏見の結果には目をつぶり、好意や親切には敏感であるほうがいいということである。

人は、平和をもたらすよう努力するほうが幸せになる。相手の反対に遭《あ》った時、その相手を見下《みくだ》して正しく理解せず、一人で怒りに胸をふるわせることがなんと多かったことか。あなたには想像もできないだろう。それでも私は努力し、その怒りを表に出して相手に応酬する気持ちを抑えるのに成功したと思っている。その点では、自分を失ったことは一度もなかったと確信している」

7 この〝こだわり〟がない人に満足な仕事はできない！

自制心はいろいろな形をとって表現される。それがいちばんはっきり見えるのは誠実な生き方においてである。自己犠牲の美徳がなければ、自分のわがままな欲望の奴隷になるばかりか、自分によく似た人のとりこにもなってしまう。

彼のまねをして自分も同じことをする。自分の所属階級を支配している、でっち上げの水準に従わなければ気が済まない。自分の収入も考えずに背伸びをして、隣近所がこうだからと金を使う。まわりの人がすることにいちいち同調し、それをやめる道徳的勇気を持たない。たとえ他人の金を使ってでも生活水準を高めたい、という欲望を抑え切れない。こうしてずるずると借金を重ねて、ついには首が回らなくなってしまうのだ。道徳的卑劣さ、優柔不断な性質、そして毅然《きぜん》とした独立心の欠如がこれらすべての原因なのである。

心の正しい人は、自分のいつわりの姿を見るのをためらったりはしない。金もないのに金持ちぶって見せたり、自分の置かれた環境にそぐわない生活をしてみたいと思ったりはしない。不正に他人の金に頼ろうなどとはせず、自分の収入の範囲でまじめに暮らしていこうという勇気を持っている。収入以上の生活をしたいばかりに借金をつくる人は、不正という点では堂々と他人の財布を盗むスリと何ら変わりがないのである。

読者の多くはこの考えが極端すぎると思われるだろうが、実際にはこの世でもっともきびしい試練なのである。

人の金で暮らすことは不正な手段であるばかりか、いつわりの行動でもある。それは、嘘が言葉のうえで真実を語らないのに似ている。「金を借りる人間は嘘つきだ」というジョージ・ハーバートの格言は、経験から言ってももっともである。

ある時、政治家シャフツベリーは、「自分が持っていないものを欲しがり、いつも自分の立場を考えずに他の地位を得たいといらいらしている気持ちが、すべての不道徳の根源である」と話している。

「小さな道義にこだわっていると大きな道義を見失ってしまう」というフランスの革命家ミラボーの危険な言葉を信用してはならない。事実はその反対で、小さくて末梢的な道義にさえもこだわることが、立派な人格の基礎となるのである。

◆金については分をわきまえ、「天上の花」を追わない

節操を守る人は金銭を節約し、借金をせずにやっていく。身のほど知らずの生活を望んだり、身の破滅と取り引きするような借金に足をとられたりはしない。自分の欲望を満たして充分に余りある収入があれば金持ちだが、収入は少なくても欲望をコントロールできるならけっして貧しいわけではない。ペルテスは述べている。

「他はともかく、自分本位なわがままだけは許せない。どんなに貧しい環境にも〝私のもの、あなたのもの〟という立派な区別がある。この世でいちばん貧乏な人こそ、自分の収入の限界を超えずにつつましく家計を管理し、金銭のことを考えて日々の暮らしを満たす必要があるのだ」

学問の追究のために富を捨てたファラデーのように、一段と高い次元の動機から金銭に執着《しゅうちゃく》を感じない人もいるだろう。しかし、かりに彼が金で買える楽しみに関心を

持ったとしても、支払い能力がないために借金する習慣が身について、他人の財布を当てにするような連中とはちがって、まじめに働いてそのための金銭を手に入れるにちがいない。

つけでものを買うこともほどほどにしなければならない。支払うべき金もないのに品物は手に入れたいという欲望に勝てない人が多いのだ。

「ある特殊な条件で結ばれた負債契約に対しては、債権者の損害を保証する」というような法律が無効になれば社会的にも大いに貢献するだろう。しかし現実を見ると、激しい経済競争のもとでは消費者に借金を奨励する傾向が強く、貸すほうは窮地《きゆうち》に追い詰められた自分を援助してくれる法律を当てにしている始末なのだ。

評論家シドニー・スミスが新しい土地に越して行った時のことである。彼は上得意の顧客だと地元の新聞に書き立てられてしまい、そこら中の店から、ぜひ自分の店をひいきにしてもらいたいと頼み込まれた。だが、彼はすぐにこう言ってこの新しい隣人たちの目を覚ましてやったのである。

「私は特別な人間ではありません。自分の借りは自分の力で払う、普通のまじめな人間なのです」

随筆家ハズリッドは、金づかいは荒いほうだが、いつも誠実さを失わなかった。彼は似たような二種類の人についてこう語っている。

「一つは、宵越《よいご》しの金を持たない使いっぷりのいい人種。彼は、後腐《あとくさ》れのないよう最初に目に飛び込んだ品物を買うために景気よく金を払う。だからいつも金欠病にかかっている。もう一つは、他人の財布から手を離せない人種。彼は、手持ちの金を使った後で誰彼《だれかれ》の見さかいなく際限なしに借金をして回る。しかし長い目で見ると、他人から金銭を引き出す才能は、結局彼を立ち直れなくしている」

◆〝大常識人〟であったがゆえに偉大な業績を遺したスコット

スコットが『クォータリー・レヴュー』誌への寄稿文や『ウッドストック』『キャノンゲート年代記』『祖父の話』『ナポレオン伝』（彼はナポレオンの死に自分の死を感じていた）などの作品を、苦悩と悲しみと絶望に打ちひしがれながらどれほどの勢いで書き上げたかは周知の事実である。これらの作品の売り上げは、みな債権者への返済に回された。

「よく眠れない日が続いたが、今は債権者に感謝された満足感と名誉ある誠実な人間

として の義務を果たした充実感とで、ぐっすり眠れるようになった。目の前には長くて退屈な暗い道が見えるが、それは汚れのない自分の信用につながる道だ。その可能性が強いのだ。たとえ苦しみながら死のうとも、私は名誉を忘れずに死んでいくだろう。もしも自分の仕事を無事にやり遂げることができたら、心配してくれた人すべてに感謝し、自分の良心を認めてやるつもりだ」

スコットはこの後もたくさんの小説や回想録や説教を、腕が麻痺《まひ》して使えなくなるまで次々と発表した。そして再びペンを握れるまでに回復するやいなや、ただちに机に向かって『ラードナーの百科事典』のためのスコットランド史や、『祖父の話』シリーズ続編などを書き始めた。医者はむだとは知りながらも、これ以上仕事を続けてはいけないと説得した。が、スコットは耳を貸さなかった。

「私に仕事をするなと命じるのは、やかんを火にかけて〝さあ、やかんよ、煮立ってはいけないよ〟と言うのと同じだ」

スコットは医者にこうつけ足した。

「何もせずにいたら気が狂ってしまう！」

想像を絶する彼の努力によって得た利益のおかげで、負債額はみるみるうちに減っていった。スコットは、あと数年で借金から解放されて自由の身になれると確信をもてるまでになった。だが、そうはいかなかった。彼は続けて『パリのロバート伯爵』などの作品を発表したが、技巧的にはだいぶ衰えが見え、やがて前よりも激しい麻痺に襲われてしまった。

彼も、とうとう人生が終わりに近いことを感じた。体力がなくなり「何をやっても以前の自分ではなかった」が、それでも勇気と忍耐力は失わなかった。

「私はとても苦しんだ。それは精神的な苦しみではなく、むしろ肉体的なもので、このまま目が覚めずにずっと眠っていられたらどんなにいいかと思うことがよくあった。しかし、できることならこの苦しみをたたき出してやりたいものだ」

と彼は日記に書きつづっている。

再びスコットは『キャッスル・デンジャラス』を書くまでに回復したが、老練な筆のタッチはすっかり影をひそめてしまった。その後、身体を休めて健康を取り戻すために、彼は最後のイタリア旅行に旅立った。

ナポリ滞在中には、周囲の忠告も聞かずに毎朝数時間を新しい小説のために費やした。だが結局、この作品は陽の目を見ることがなかった。

アボットフォードに帰ったスコットには死が待ち受けていた。

「私はいろいろなものを見てきた。しかし、自分の家ほどよいものはない。もう一度機会を与えてくれ」

病状がおさまっている時に口にした最後の言葉の中で、次に挙げるものは彼にふさわしい名文句だ。

「おそらく私は、現代ではもっとも多作な作家だったのではないかと思う。だが、誰の信念をもかき乱さず、誰の信念をも破壊しないように努力したこと、そして死の床にあって葬りさってしまいたいような作品は一つも書かなかったことを考えると気が安まる」

義理の息子に与えた最後の命令は、「ロックハートよ、おまえと話をする時間はあとわずかしか残されていない。愛《いと》しい息子よ、徳をもち、神を信じ、そして正しい人間であれ。死の床に横たわった時、おまえに満足感を与えるものはこれ以外にないのだ」というものであった。

ロックハート自身の献身的な行動は、偉大な親族の名をけっして汚すものではなかった。彼が後年発表した『スコット伝』は数年間かかって書き上げた労作で、作品としても著しい成功をおさめた。だが、金銭的利益にはまったく手をふれず、スコットの債権者に返済した。彼にとっては何の責任もない借金だったが、名誉を重んじた偉大な父の感化を受け、輝かしい業績を遺した故人を記念してとった行為であった。

第4章

見識を高める

――「人生の教え」をいつ、どこから学びとるか

1　けっして裏切らない〝無二の友人〟とは

交際している友達を見ればその人がわかるというが、読んでいる書物からもその人の人格をうかがい知ることができる。

それは、人と書物との間にも、人間同士と同じようなふれ合いが生まれるからである。だから相手が本であろうが人間であろうが、われわれは常によりすぐった相手を選ばなければならない。

その意味で、良書は最良の友である。この事実は過去、現在そして未来を通じて変わりはない。良書は忍耐強く楽しい友達だ。こちらが逆境にあっても失意のどん底に落ちても見捨てたりはせず、いつでもわれわれをやさしく受け止めてくれる。若い頃は本を読んで楽しみ、教えられることも多い。そして年をとってからは、本はわれわれを慰め励ましてくれる。趣味が似ている者同士が友達づき合いを始めることがある。読書を愛する気持ちが通じ合って、互いに親近感を抱くこともよくある。

「私を愛するのなら、私の犬も愛してほしい」という古いことわざがあるが、「私を愛するのなら、私の書物も愛してほしい」のほうが、含蓄《がんちく》が深い。書物のほうがもっと高い次元でお互いを固く結ぶ絆になるからである。

たとえば、好きな作家の作品を読んで一緒に感動したり考えたりして共感し合うことができる。みなが一緒になってその作家の世界に住み、作家は一人ひとりの胸の中に住むのである。

「書物はわれわれの心に音もなく忍び寄り、詩の一行は血液に溶け込んで体内を駆けめぐる。人は青年時代には読書に時を忘れ、年老いてからはそれを思い出す。

書物の中には他人の身に起こったできごとが書いてあり、われわれはそれをあたかも自分自身の問題であるかのように感じる。そのできごとはどこにでもある、誰にでも楽しめるものでなくてはならない。われわれは、書物からその雰囲気を感じとる。文章に活気を与えてくれるのは、すべて作者の腕によるのである」

これはハズリットが語ったことである。

◆最良の人生がぎっしり詰まった〝上等な壺〟

良書は、一人の人間の生涯をおさめたこの上なく上等な骨壺である場合が多い。なかにはその人が身につけた最高の思想がぎっしりと詰まっている。

人間の一生とはその人がつくり上げた思想の世界にほかならない。つまり最良の書物とはすぐれた言葉や輝かしい思想の宝庫であり、それはわれわれの胸に刻み込まれて常に慰めを与えてくれる友達となるのである。

十六世紀の詩人・軍人であるフィリップ・シドニーは、「気高い思想を伴侶《はんりょ》とすれば、人はけっして孤独ではない」と言っている。

先人たちの純粋で正しい思想は、われわれが誘惑に負けそうになった時に、慈悲深い天使のように次にとるべき行動の芽を示して導いてくれる。立派な仕事の多くが、すぐれた言葉に奮い立って成し遂げられているのを見れば、そのことがすぐにわかる。

たとえば、インド行政官を務めた軍人の、サー・ヘンリー・ロレンスは、ワーズワースの『キャラクター・オブ・ザ・ハッピー・ウォリアー（幸福な戦士の人格）』を高く評価し、この作品を自分の生活にそのまま取り入れようと努力した。彼は常にこの本のことを考え、人と話す時にもよくその内容を引き合いに出した。

「彼は自分もこの本と同じように生きようと思い、性格をそれに順応させるように努めた。真剣に熱意を持てば何ごとも成功するが、彼も見事に初志を貫徹したのである」

とロレンスの伝記に記されている。

書物には永遠性があり、人間が骨を折って生み出したものの中では、何と言ってもいちばん息が長い。神殿はやがては崩れて廃墟と化し、絵画や彫刻は破損してしまうが、書物はそのままの形で生き残る。

偉大な思想は時の流れとは関係なく、はるか昔にはじめて作家の心に芽生えた時のみずみずしさを今も保っている。その時に作家の頭に浮かび口をついて出た言葉は、印刷された本のページから生き生きとわれわれに語りかけてくる。

この中で時間が演じた、ただ一つの役割は、悪書をふるいにかけて追放したことである。本当によい作品でなければ、文学の世界では生き残れないからである。

◆心の「共鳴」が生み出す巨大なエネルギー

書物は選び抜かれた人たちばかりが集まる社交界にわれわれをいざない、すぐれた人たちに紹介してくれる。

われわれは彼らの言葉や行動を目のあたりにし、まるでその人たちが現実に生きているような気になる。自分もその思想に参加し、ともに喜び、悲しみ、共鳴し合う。

作者の経験は自分の経験となり、彼らが描き出した舞台を背景に一緒に主役を演じているような気分になるのである。

この舞台でも、偉大で立派な人は退場することがない。彼らの精神は書物の中に塗り込められて世界中に広がっていく。書物は生きた声、われわれが今でも耳を傾ける知性の声である。それゆえにこそわれわれは、過去の偉大な人物の影響をいつまでも受けるのだ。

たとえばホメロスのように世界的に名をはせた偉大な知識人たちは、昔のままの姿で今も生き続けている。彼の人生の細かいことは古代の霧のかなたに包まれてわからなくなっているが、彼の詩には最近書き上げられたような新鮮さがある。

プラトンはすぐれた哲学を今も説き、ホラティウス、ヴェルギリウス、ダンテはまるで生きているかのように詩を歌い続けている。

われわれは、たとえ学問がなく貧しくとも文句を言われずに、この偉大な人びとの世界に自由に出入りすることができる。文字さえ読めれば誰にでも入場する権利があるのだ。

笑いたければ、セルヴァンテスやラブレーが一緒に笑ってくれる。悲しみたければ、トマス・ア・ケンピスやジェレミー・テイラーがともに悲しみ、慰めてくれる。

楽しい時も悲しい時も、幸せな時も逆境にある時も、われわれが憩いと慰めと教えを求めてすがるのは常に書物であり、そこにちりばめられている偉人たちの魂である。

2　人生の教えをどこに読みとるか

人間にとって世の中でいちばん興味のある対象と言えば、ほかでもない自分と同じ人間である。人間の生活にかかわるすべてのできごと、すなわち経験・喜び・悲しみ・成功などは、何にもましてわれわれの好奇心をゆさぶる。

人はみな程度の差こそあれ、自分以外の人間を人類という大家族の一員、つまり仲間として眺め、興味を持つ。その人の教養が深ければ深いほど、人類の幸福に関するすべての事柄に共感する度合いも深まるのである。

人間として互いに抱く興味は、さまざまな形で表現される。肖像画を描くのも、胸像を彫るのも、誰かについて文章を書くのも、みなそのあらわれである。

なかでも他の人間に対する好奇心を一段とそそるのは、その人がどんな生涯を送ったか、つまり個人的な歴史を知ることである。

「人間の社交性をもっとも顕著に示しているのは、たった一つの事実以外にはない。それは伝記を好むという事実である」と十九世紀の思想家カーライルは言っている。

実際、伝記を読んでかき立てられる人間的な興味は強烈である。一人の人間の生涯や経験を忠実に描いたものには真実性という魅力があるから、架空《かくう》のものでは味わえぬおもしろさがあるのである。

記録に残された他人の一生からは、誰もが何かを学びとるだろう。あまり重要でない行為や言葉でも、自分と同じ人間が言ったり、行なったりしたことかと思えば興味が湧くものである。

立派な人物の一生の記録は特に有益である。それはわれわれの魂に呼びかけ、希望を抱かせ、偉大な手本を示してくれる。崇高な精神に燃えて義務を果たし一生を終えた人たちの影響力は、永久に消えることがない。

「立派な生涯は、いつの時代にも生きている」とはジョージ・ハーバートの言葉である。

ゲーテに言わせれば、賢い人はどんなに平凡な人間からも何かを教えられるものである。ウォルター・スコットは、馬車で旅に出るといつも、乗り合わせた人たちの特徴や目新しい印象を拾い集めたという。ジョンソンはある町を歩けば、その町に住む人たちの生い立ち・人生経験・試練・苦労・成功そして失敗談などをぜひとも知りたがったという。

これが世界の歴史に名をとどめ、今日われわれに貴重な文化遺産を遺してくれた人たちのことならば、知りたいのはなおさらである。このような人たちを物語るすべてのこと――彼らの習慣・態度・人生観・経歴・言葉・信奉した座右の銘・その偉大さなどはいずれも興味津々《しんしん》であり、学ぶ点も多く、われわれを力づける手本でもある。

◆〝生き方の流れ〟を変え、向上心を刺激するもの

そしてまた、伝記は、人はいかにあるべきか、力を精一杯に出し尽くせばどのような偉業を成し遂げられるかを教えてくれる。

はっきりと記録に残された立派な人物の一生は、われわれに刺激を与え働きかけ、人は人生をどのように生きればよいか、また生きられるかを明らかにしてくれる。それはわれわれの魂に新鮮な空気を吹き込み、希望を高め、新しい力と勇気、自分だけ

ではなく他の人たちに対する信頼感をも与えてくれる。

偉人の伝記はわれわれの向上心を刺激して発奮させ、主人公の協力者となって彼らと一つの世界を分かち合い、この世でもっともすぐれた人たちと一緒に生き、最高の友人たちと交わるよう誘いかける。

しかし、偉大な人物の一生だけが人格の向上に影響を与えるすぐれた伝記だと過大評価するのは危険である。

「すぐれた伝記とは、完全な形で読者と一体になり、吸収され得るもののことである」

こうディズレーリも述べている。

誰もが感動をおぼえるような偉大な人物の伝記を読めば、無意識のうちに啓発され、少しでもその人たちの考え方や行動に近づきたいと願うものだ。だが誠実に自分の務めを果たし終えたごく普通の人の一生でも、後世の人たちの人格を向上させるために力がないとは言えない。

また伝記を読めば、歴史そのものをくわしく学ぶことができる。それどころか歴史とはすなわち伝記であり、個々の人間が支配し影響を及ぼしてつくり上げた人間性の集合体であるとも言えよう。

「歴史とは、限りない向上心によって生まれた、人間のすばらしいエネルギーの記録だと言えるのではあるまいか」と、アメリカの哲学者エマソンは述べている。

歴史のページには、理念よりも人間が常に顔をのぞかせる。歴史的なできごとに興味をそそられるのは、それに加わった人たちの喜びや苦しみ、利害関係に心を引かれるからである。歴史の世界ではどちらを向いても死んでしまった人間ばかりが出てくるが、彼らの言葉や行為は生き続けていて、その声が生々しく聞こえるほどであり、彼らの行為こそが歴史をおもしろくしているのである。

われわれは人間の集団にはあまり興味を持たないが、伝記のように歴史という壮大なドラマの中で、真に迫った生き生きとしたタッチで描かれている役者個人には共鳴をおぼえるものだ。

◆多くの巨人の生涯を決定づけた『プルターク英雄伝』

行動と思想の両面で、人びとの人格形成に強い影響を及ぼした過去の作家をあげるとすれば、プルタークとモンテーニュの二人であろう。

プルタークは手本とすべき英雄を紹介し、モンテーニュはいつの時代にも人びとが深い関心を寄せた永劫回帰《えいごうかいき》の問題を深く掘り下げた。二人の作品はいずれもほとんどが伝記の形式をとり、その迫力ある描写はもっぱら登場人物の性格や経験を具体的に示すことによって効果を上げている。

『プルターク英雄伝』は、約一八〇〇年も昔に書かれた作品であるが、ホメロスの『イリアス』と同様に、この種類の書物の中でも最高の座を占めている。イタリアの劇作家アルフィエリはプルタークの作品を読んで文学への情熱に火をつけられた。

「私は、この本の中のティモレオン、シーザー、ブルータス、ペロピダスの生涯を六回以上も読んだ。そしてそのたびに感動の余り涙を流し、気も狂わんばかりに夢中になったものだ。これらの偉大な英雄たちの堂々たる人格にふれるたびに、じっとしてはいられないような強い興奮をおぼえたのだ」

シラー、ベンジャミン・フランクリン、ナポレオン、マダム・ロランなどはみなプルタークの愛読者である。マダム・ロランに至っては『英雄伝』に熱中する余り、聖書に見せかけてミサの間もこっそりと読みふけっていたという。

『プルターク英雄伝』は、フランスのアンリ四世、テュレンヌ、軍人ネーピアなどの勇敢な人たちにとっても心の糧であった。

ウィリアム・ネーピアは、子供の頃にこの本を読んで感動を受け、昔の偉大な英雄たちに強くあこがれるようになった。この本の影響はまちがいなく彼の一生の方針を決め、人格の形成にも大いに貢献している。

病状が悪化して死を目前にひかえ、衰弱し切ったネーピアの心は、いつしかプルタークの英雄たちの昔に戻っていった。義理の息子を相手に、彼はアレクサンダー大王やハンニバル、シーザーの業績を、時を忘れて話して聞かせたという。

ある本に強く感化され、それによって生きる方針を定めたという人たちを対象に、どの本にもっとも感銘を受けたかを投票で決めるとすれば、おそらく大多数の票はこの本が獲得することだろう。

プルタークの作品は、今日に至るまで時代を問わず、人びとの心を魅了し続けている。その秘密はいったいどこにあるのだろうか？

まず第一に挙げられるのは、作品の主題が、いずれも世界の歴史に重要な足跡を遺した偉大な人物だったことである。

次にプルタークは、その人物たちが成し遂げた偉業と、彼らが置かれた環境とを正確に見きわめる目と、それを描写する表現力を持っていたことである。そればかりでなく、彼には英雄たちの人格を一人ひとり明快に描き分ける才能があった。

人間の個性が躍動していない伝記文学ではおもしろくない。英雄たちが何をしたかよりはどんな人間だったか、どれほど知性にあふれていたかよりはどこに人間としての魅力があったか、というほうが興味をかき立てられる。

つまり、演説よりももっと多くを語る一生を送り、やり遂げた業績よりも性格のほうがはるかに魅力に富んでいた人たちがいるということである。

プルタークが細心の注意を払って描き上げた人物像は、たとえばシーザーやアレクサンダー大王の一生なども三十分かからずに読んでしまえるほど簡潔にまとめられている。むだな描写がないために、際立って印象的なのである。くどくどした説明は少なく、登場人物自らがページの上に、ありのままの姿を現わすのである。

モンテーニュはプルタークのこの簡潔さに文句をつけているほどだ。そしてこうつけ加えている。

「しかし、この簡潔さが彼の評価を高めていることも確かである。プルタークは、知識の豊かさをほめられるよりは、むしろ自分の判断力を認めてもらいたかったのだろう。話を詰め込みすぎて読者を食傷気味にさせるよりは、もっと読みたいという余韻《よいん》を残すのが目的だったにちがいない。

どんなにすばらしい題材でもくどすぎるのはよくない、ということを彼は百も承知していたのだ。やせた貧弱な身体を、衣装を重ねて隠すように、問題を正確に把握《はあく》していない人は言葉で埋め合わせをしようと必死になるものだ」

◆どんな小さな癖一つにも〝人格〟は表われる

英雄たちの弱みや欠点はもとより、彼らの小さな癖やデリケートな心理状態などを生き生きと描写する技術もプルタークは持っていた。これらはみな忠実で正確な人物描写には欠かせぬものである。

プルタークは話題を砕いて、ごくありふれた癖や特徴まで読者に伝えてくれる。

たとえばアレクサンダー大王は気どって頭をいつもかしげていたとか、アテネの政治家アルキビアデスは洒落者《しゃれもの》で舌足らずな発音でしゃべったが、それがまた彼の人柄にぴったりで、その話し方が優雅で説得力があるように聞こえたとか、カトーは赤毛で目は灰色、守銭奴の高利貸しで、年老いて働けなくなった奴隷を高い値段で売り飛ばしたとか、シーザーは禿《は》げ頭で派手な格好をするのが好きだったとか、キケロは無意識に鼻をぴくぴく動かす癖があったとかいうことが細かく書かれている。

これらの細かい部分に注意を払い、その重要性を無視しなかったのがプルタークのすぐれた点である。

彼は主人公の特徴をより具体的に描写するために逸話を使うことがあった。これは平凡な説明を羅列するよりも、その人物の性格をよりはっきり描き出すのに効果を上げている。主人公の英雄が特に好んだ格言を例にあげることもあった。それによって、その人の心の中が理解できる場合がよくあるからだ。

弱点について言えば、たとえ偉大な人物でもおよそふさわしくないような欠点はあるものだ。誰にも欠点や変わった癖があるのである。どんなに偉い人でも、短所があるからこそ人間味があるのではないか。われわれは、少し離れたところから彼らを偶像として祭り上げるが、近寄ってみると、彼もまた欠点もあり、まちがえることもある自分と同じ仲間だったことに気づくだろう。

そして偉人たちの欠点をさらけ出して見せることにはそれなりの効果がある。と言うのは、もしも長所だけを見せられれば、自分などはとてもこの人を手本にはできないと自信をなくし、がっかりしてへたり込んでしまわねばならないからである。

プルターク自身、自分は歴史ではなく人間の一生を書くのが目的であると言って、伝記を書く態度について自信を持ってはっきりと打ち出している。

「華々しい功績だけに目を向けていては、その人物の長所や短所ははっきりとわからない。時には、あまり目立たぬできごとや表情、口から出た冗談などのほうが、何万という兵士たちが殺し合う大戦争や、雲霞《うんか》のごとき軍隊を率いて町を攻め落とす話などよりも、はるかにその人物の性格をよく物語ることもある。

肖像画家は、性格がいちばんよくあらわれる顔の輪郭《りんかく》・表情・目の動きなどを正確にとらえ、身体の他の部分には一切《いっさい》注意を払わないものだが、それと同じことで、私も人間の心の動きや兆候には特に注目しなければならない。私はこのやり方で英雄たちの一生を描くことに専念し、彼らが成し遂げた偉業や大戦争については、他の作家の手に委《ゆだ》ねることにしよう」

このようにプルタークは語っている。

◆何が「クレオパトラの鼻」になるかわからない

伝記は歴史と同じで、明らかにつまらぬ事柄にも意味があり、とるに足りないことが原因で大きな結果を招くものである。

パスカルは、「クレオパトラの鼻がもう少し低ければ、世界の歴史はちがっていただろう」と指摘している。

また、七世紀フランク王国の実力者ピピンの恋愛事件がなければ、ヨーロッパはサラセン人に征服されていたかもしれない。そのロマンスの落《お》とし胤《だね》カール・マルテルがトゥール＝ポワティエでサラセン軍を破り、彼らをフランスから追い出してしまったからだ。

スコットが子供の頃に部屋の中を駆け回っていて足をくじいたなどという話は、伝記にのせるほど重大事件ではないかもしれない。しかし、『アイバンホー』をはじめ、彼が書いた一連の歴史小説はみな、この事件のおかげで世に出たのである。息子が軍隊に志願したいと言い出したとき、スコットはこう書き送っている。

「自分も足をくじきさえしなかったら軍隊に入りたかったのだから、この件についてはとやかく口を出す資格はない」

もしスコットの足が悪くなければ、彼はフランスとの半島戦争に従軍して手柄《てがら》を立て、勲章を胸にぶら下げて一生を終わっていただろう。そしてスコットの名前を不朽《ふきゅう》のものとし、祖国イギリスに輝かしい栄光をもたらしたあの数々の名作は陽の目を見なかっただろう。

ウィーン会議の立役者タレーランも足が不自由だったために、軍人にはなれない宿命を背負っていた。そこで彼は興味を読書に向け、その結果人間に深い関心を抱くようになり、ついには名外交官として世界的に名声を博した。

バイロンの足が不自由だったことは、彼が詩人になったことと少なからぬ関係を持っている。仮に、このことに病的なまでに悩まされなければ、彼は詩など一行も書かなかったはずである。バイロンは当時としてはもっとも気位《きぐらい》の高い伊達男《だておとこ》にちがいなかったからだ。不自由な足は彼の心を刺激し情熱をかき立て、自分なりの道を切り開かせた。その結果がどうなったかは読者もすでにご存知だろう。

◆光だけでなく影も見ないと、人間はわからない

肖像画と同じく伝記にも光と影がある。肖像画家が醜い部分が見えないような角度でモデルを座らせるように、伝記作家も描こうとする人物の性格的な欠点をなるべく隠そうとする。

しかし、実物に忠実な顔や性格のコピーが欲しければ、あるがままの姿を描かなければならない。

「伝記は文学の領域でももっとも興味深いが、登場人物の光と影が正確かつ忠実に、くわしく書き分けられていなければ、おもしろみは半減してしまう。舞台の上で大声でがなり立てる英雄も嫌いだが、それをただほめちぎる礼賛者《らいさんしゃ》にも共鳴できない」

とスコットは話している。

十七世紀の詩人アディソンは、書物を読んで楽しさや満足感が増すにつれ、それを書いた作家の性格や人柄をできるだけ知りたいと思うようになった。

この作家はどんな経歴の持ち主だったのか、性格や気質はどうだったのだろうか、この本の主人公に似た生き方をしたのだろうか、考え方は気高いが実際にはそのとおりに行動したのだろうか。

ある人はこう言っている。

「偉大な詩人たちが、自分の人生や気持ちなどをいつわりなく語ってくれるとしたら、どんなにうれしいことだろう。子供の頃誰と一緒に遊んでいたか、なぜ文学の道を選んだのか？　好き嫌いは？　どんな悩みや苦しみを抱えているのか？　趣味は？　熱中するものは？　自分自身で内心もうだめだと思ったことは？　後悔していることは？　満足していることは？　自己弁護の言葉は何なのだろうかなどを知りたいものである」

しかし、なかなかこういったことは伝記に書かれないものなのである。人の一生を書くのであれば、ありのままを書く必要がある。風変わりな癖や、欠点すらもとり上げなければならない。それが人間の性格を特徴づけているからである。しかしこれには常に困難がつきまとう。つまり好意的にしろ何にしろ、人目につかぬ細かな行動を知るには、何よりも個人的にその人を知っていることが役立つが、その人の現在の生活を考慮に入れて、すべてが発表されるとは限らないからだ。そしてやっとのことで話してもよい時期が来た時には、もはやその行動は何一つとして記憶に残っていないのである。

ジョンソン自身も同時代の詩人たちについて知っていることを洗いざらい話すのには抵抗を感じ、「下のほうでまだ火がくすぶっている灰の上を歩くような気持ちがする」と表現している。

世界的に有名な人の親族たちから、その人の赤裸々な姿を伝えてもらう機会がほとんどないのは、ほかでもない、このような理由からである。

◆仮面の下の〝本性〟を見抜く

一方、自《じ》叙伝《じょでん》はどれも興味深いが、やはり作者自身の飾らぬ姿を期待するのは難しい。自分の思い出を書き記す時、人は自分のすべてを見せようとはしないからである。

聖アウグスティヌスは例外的に、生まれつきどうしようもない自分の悪い性癖や、ずるくてわがままな根性を正直に打ち明けて、『告白』を書いているが、彼のような勇気をもちあわせている人は少ない。

すぐれた人の欠点が額に書いてあるとしたら、その人は帽子を目深にかぶってそれを隠すだろう、という格言がハイランド地方にあるくらいである。ヴォルテールは言っている。

「誰にでも、自分で苦々しく思っている欠点がある。自分の身体の中に獰猛《どうもう》な野獣が住んでいるのに気づかぬ人はいない。しかし、その野獣をどのようにして手なずけているかを正直に話してくれる人はほとんどいないのだ」

ルソーは『告白』の中でいかにも心の秘密を打ち明けているように見えるが、実際には思ったことの半分も語ってはいない。フランスのモラリスト、シャンフォールは、周囲の人間が自分をどう思おうが、何を言おうが気にするようには見えなかった。その彼でさえこう言っている。

「現実の社会では、自分の心の秘密、自分にしかわからぬ性格、そして何よりも自分の弱味や欠点を見せることは、たとえ相手が無二の親友であっても不可能に思える」

自叙伝にもある程度までの真実は描かれている。しかし真実の一部分しか伝えていないために、全体的には嘘を並べ立てているような印象を与える。

それは、その人の本当の姿ではなく、こうありたいという姿をあらわした偽装とも言い訳とも受けとれる。横顔の描写は正確でも、正面を向いた時に顔全体の印象をすっかり変えてしまうような特徴が反対側にないと誰が断言できるだろうか。

フランスには、イギリスとは比較にならないほどたくさんの伝記形式の回想録がある。そのどれを見ても、性格や生き方をわかりやすく説明した逸話や、一見他愛なく見える末梢的なできごとなどがふんだんに織り込まれている。しかしどちらかと言えば、とり上げている時代の社会一般の風潮や文化のほうに焦点を当てている。

だが、宮廷外交家であったサン・シモンの回想録は注目に値する。人格を見事に分析したこの本は、それまでになかったようなすばらしい解剖《かいぼう》学的伝記の集大成である。

サン・シモンは、ルイ十四世が去った後の宮廷スパイだったとも言える。彼は人の性格を熱心に読みとり、表情や言葉、話し方、そしてその人物の周囲で脇役を演じている連中を注意深く観察することで、企みや目的を判読しようと努めた。

「私は登場人物たちを近くから見つめ、その口もとや目や耳からは一時も目を離さなかった」と彼は語っている。そして耳で聞いた言葉や目で見たものを、信じられないほどの生々しさと迫力で、ノートに書きとめたのである。

彼は宮廷に仕える人たちの仮面の下に隠された秘密を、鋭く正確に、しかも注意深く探り出したのだ。性格の追求と分析にかけるその情熱は貪欲《どんよく》で、時には残酷にすら見えた。

「この熱心な解剖学者は、病人を苦しめている病気を突き止めるために、まだ動悸《どうき》を打っている胸にいつでも喜んでメスを突き立てた」

と、サント・ブーブは驚きの目で彼を眺めている。

絵具で人物を描くのと同様に、言葉で人物を生き生きと描写するのにも、もちろん高度な技術が必要である。どちらを上手にやるにも、よく見える目とペンや絵筆を巧みにさばく腕がいる。並みの絵描きは、顔の形を見て、そのとおりに描き写すだけだ。しかしすぐれた芸術家になると、顔の形を通して光り輝く生きた魂をとらえてそれをキャンバスに表現する。

サミュエル・ジョンソンの生涯については、些細な習慣や、ちょっとした言葉がふんだんに書かれて、伝記をおもしろくしている。これはみな彼の伝記を書いたボズウェルの目がよく見えたおかげである。

ボズウェルがジョンソンを崇拝し、素朴な愛情とあこがれを抱いていたからこそ、もっと力のある作家でも失敗しかねなかった作業を立派にやってのけられたのである。

ボズウェルは、ジョンソンがどんな洋服を着ていたか、どんな話をしたか、何を嫌っていたかなどを読者に伝えたかったのである。ジョンソンの欠点まで洗いざらいさらけ出したこの作品は、伝記としてふさわしい見事なできばえで、おそらく筆の力で偉大な人物の人間像を完璧に書き上げた最高の傑作と呼べるだろう。

だが、スコットランド出身のこの熱烈な崇拝者がたまたまジョンソンと親しくつき合うようになり、その人柄に心酔しなければ、ジョンソンも現在のように大作家としての地位を得られなかったかもしれない。

ジョンソンが本当に生き生きと躍動しているのは、ボズウェルが書いた伝記のページの中なのであるから、かりにボズウェルがいなかったら、ジョンソンは一人の作家として名前だけでしか、人びとの頭に残っていなかったかもしれない。

3 「最高の人生」を切り開く最良の刺激剤

書物は年老いた人たちのよき伴侶であるが、同時に若い人たちにとっては最良の刺激剤になることが多い。若者の心に深い印象を与えた最初の本が、その後の人生に新しい道を切り開くケースがよくある。

書物は若者の胸に灯をともし、情熱をかき立て、予想もしなかった方向に目を向けさせ、いつまでもその人格に影響を与える。

自分たちよりも賢明で円熟した内容を持つ本との、親しい友人にも似たふれ合いは、このようにして、若者の人生の旅路の大切な出発点となるのである。時には、それは新しい生命の誕生を告げる光にもたとえられる。

ジェームス・エドワード・スミスが最初に植物学の教科書を手にした時、のちにニュージーランドを調査した博物学者ジョセフ・バンクスがジェラールの『植物誌』にふと目を止めた時、そしてアルフィエリがはじめてプルタークを読み、シラーがシェークスピアの作品と最初に出合い、ギボンが『世界史』の第一巻に夢中になった時、それぞれの胸の中には興奮の渦が巻き、自分たちの本当の人生はこれから始まるのだという気持ちに駆られたのである。

たとえば若い頃のラ・フォンテーヌは怠け者で知られていたが、詩人マレルブが読み上げる詩を聞いて、「私だって詩人なんだ」と叫んだと言われている。こうして詩人としての彼の才能は目覚めたという。

◆人生〝必需品〟は買い惜しむな！

このようにすぐれた書物は、かけがえのないよき伴侶である。読書によって思想は高められ向上心も湧くので、くだらないつき合いをしないようにもなる。

「読書と知的なものを求める自然な欲求は、道徳的破滅から私を救ってくれたようだ。私には本があったから、賭けごとや酒にふけらずに済んだのである、偉大な作家たちとの人知れぬ交流、無言ではあるがシェークスピアやミルトンと高尚な話を交わす習慣があったおかげで、愚劣な仲間とつき合うのは耐えられなかったし、またそうしたいとも思わなかった」

このように詩人トーマス・フッドは語っている。

こうしてみると、すぐれた書物は立派な行為に似ているとも言えるだろう。それは人を浄化し高め励ましてくれる。心を自由に広げ、教養のない俗物主義から守ってくれる。良書は高尚な快活さと冷静な人格を生み、精神を正しく整え、暖かい人間味を人に与える。

偉大な学者エラスムスは、書物は生活必需品で、衣類はぜいたく品だという極端な意見を持っていた。そして書物が充分に買えるまでは衣類には手を出さないことがよくあった。彼がもっとも崇拝したのはキケロの作品で、彼の作品を読むといつも生き返った思いがすると言っていた。

キケロの『ホルテンシウス』を偶然手にした聖アウグスティヌスは、それまでの放《ほう》蕩《とう》三昧《ざんまい》の乱れ切った生活に別れを告げ、学問に没頭するようになり、ついには初期キリスト教の父と呼ばれるようになった。

多くの人に愛された清教徒バクスターは、死が彼から奪いとる大事な楽しみにはどんなものがあるか数え上げてみた時に、読書と学問から得た楽しみを思い出した。

「死ぬ時には感覚的な喜びばかりでなく、学問・知識・賢く信心深い人たちとの会話といった、より人間らしい喜びや読書の楽しみ、話を聞く楽しみとも別れなければならない。私は書斎を去らねばならず、楽しみがいっぱい詰まった本のページを繰《く》ることもできなくなる。

　生きている人たちの中に入っても行けず、信じ合った顔を見ることもできず、見られることもない。家も町も野原も庭も散歩も、どれもこれも私には無に等しくなってしまう。世間のできごと、人の噂、戦いの様子やその他の情報も何一つ耳に入らなくなってしまう。私が栄えあれかしと願っている智恵や平和や信仰に対する自分の最大の関心が、この先どうなるかを見定めることもできない」

◆時代の精神を動かしてきたこの偉大な「力」

　書物が人類の文化の発展にどれほど大きな影響を及ぼしたかについては、今さら言うまでもあるまい。

　書物は人類の知識の宝庫である。書物はあらゆる学問の分野におけるあらゆる営為・業績・思想の成功と失敗の記録である。

書物はいつも、時代を未来に前進させるもっとも力強い原動力となった。「福音書から民約論（ルソー）に至るまで、革命を引き起こしたのは常に書物だった」と言っている人もある。

事実、偉大な書物は、しばしば大戦争にも負けぬ威力を持つ。虚構文学《フィクション》ですら、時によると強い社会的な力を発揮する。フランスのラブレー、スペインのセルヴァンテスは、人間の恐怖の逆の表現である嘲笑を唯一の武器として、中世修道院制度と騎士道精神の権威を同じ時期にくつがえした。

詩人は英雄よりも後世まで生き延びる。それは、詩人のほうが不滅の空気を余分に吸い込んでいるからである。詩人は自分の思想と行動を、英雄よりも完全な形で後世に遺すことができる。

われわれはホメロスやヴェルギリウスと同じ時代に生きたかのように、二人の行動をすべて知っている。彼らの作品を手に取ることも、枕元に置くことも、声に出して読むこともできる。肉眼で見えるこのような足跡を地球上に残している者は他にはいない。文学者は死んでしまってからも、自分の作品の中で息づき行動しながら生きているのだ。

一方、世界を征服した英雄だとて、骨壺《こつつぼ》の中の灰になり果てるだけだ。思想と思想の間に生まれる共感は、思想と行動の間に生まれるそれよりも親密で、生命力にあふれている。炎が炎を燃え上がらせるように、思想は互いに輪をつなげていく。しかし、死んでいった英雄に捧げられる賞賛の言葉は、大理石の記念碑の前で焚《た》かれる線香の煙のようにむなしい。

言葉・観念・感情は時代の流れとともに確たる形に固まっていくが、物質・肉体・行動は崩壊してしまう。人間と一緒に、行動だけではなく長所も高潔な人格も消え失せてしまう。知性だけが不滅であり、形をそこなわずに子孫に受け継がれる。

「言葉は、永久にこの世に残る唯一の存在である」

これはハズリットの言葉である。

第5章

よい人間関係をつくる

――つき合う相手を糧に自分を成長させているか

1 「心くばり」を軽く見てはいけない

多くの人たちが考えるように、心くばりはとるに足りないどうでもいいものではない。心くばりは人間関係を円滑になごやかにするばかりでなく、仕事を成功に導くうえでも大いに役立っているからだ。

礼儀正しいかどうかによって、その人に対する世間の評価も大きく変わってくるのである。

他人を統率していく時には、才能よりも、礼儀正しさのほうがはるかに強烈な影響力を与えることもしばしばである。上品なだけでなく心のこもった礼儀正しさは、社会的な成功をおさめるためには、何よりも頼りになる助手であり、それがないばかりに失敗した人も大勢いる。

つまり、人に与える第一印象は大切なもので、態度が折り目正しく、言葉づかいが丁寧《ていねい》かどうかによって、印象がよくもなれば悪くもなるということだ。

不作法でがさつな態度は、人の心の扉にかんぬきをかけ心を閉ざさせてしまうが、親切でおだやかな態度、すなわち礼儀をわきまえた態度は、その扉を開く魔力を持っている。それは、老いも若きもすべての人の心の中に溶け込んで行けるパスポートの役目を果たすのである。

◆相手の心の扉を開くこの〝黄金の鍵〟！

「礼儀は人をつくる」とよく言われるが、「人が礼儀をつくる」という言葉のほうが正しい。表面は粗《あら》けずりで不作法でも、心は美しく堅実な性格の人もいるだろう。しかしそれに、本当のジェントルマンなら欠くことのできない人あたりのよさと礼儀正しさが加われば、まちがいなくもっと人に好かれ、社会のためにも役立つ人間になれるだろう。

このように、人の立ち居ふるまいは、ある程度その人の人格をあらわすものだ。心の奥にひそむ本質を外の世界に向かって説明してみせるものであり、その人がこれまで過ごしてきた社会的環境をはじめ、趣味や感情、そして気性などがそれによってわかるのである。

慣習的な紋切《もんき》り型《がた》の礼儀作法というのもあるが、これにはあまり価値がない。しかし生まれつきの素質から染み出し、慎重な自己修養を積み重ねた結果、身についた自然な礼儀作法のほうは、大きな意味を持っている。

気品のある礼儀は、洗練された精神には欠かすことのできない感受性とでもいうようなものから導かれてくるものである。

この観点から見ると、感受性は才能や学問に負けないほど大切なものであり、人間の趣味や性格を決定するうえではその二つよりも影響力が強いとさえ言えるかもしれない。

思いやりの気持ちは、他人の心の扉を開く黄金の鍵である。相手を思いやれば、それが物腰の柔らかな礼儀正しさとなって自然に表われるだけではなく、相手の心を見抜く洞察力を与え、智恵をも広げてくれる。思いやりの気持ちは人間性の美しさの中でも最高のものと言っていいだろう。

一方、人為的なマナーはほとんど役に立たないし、「エチケット」と呼ばれるものは、裏を返せば本質的には不作法で誠実味のないことが多い。形ばかりにこだわったわざとらしさが目立ち、付《つ》け焼刃《やきば》であることをすぐに見破られてしまう。うまくいけば本物の礼儀作法のかわりを務められることもあるかもしれないが、結局のところ、ただの模造品にすぎないのである。

◆本当の礼儀正しさは誠意から生まれる

礼儀正しさは丁重《ていちょう》さと心情のやさしさから成り立っている。丁寧な仕草《しぐさ》や言葉づかいは、われわれが他人に対して抱いている感情を表面にあらわすための一種の技巧であると言われてきた。しかし相手に対して特別な感情がなくても、丁寧な態度をとることはできる。礼儀正しさとは美しい行為以外の何ものでもない。

「美しい姿は美しい顔にまさり、美しい行為は美しい姿にまさる。美しい行為はすぐれた彫像や肖像画よりもわれわれに感銘を与える。すなわちそれは最高の芸術作品なのだ」とは、よく言ったものである。

しかし、美しさを超えた本当の礼儀正しさは誠意から生まれる。心の底からほとばしり出たものでなければ、感動も薄い。誠実さのない礼儀などはあり得ないのだ。生まれつきの性格からぎごちなさと堅苦しさを取り除いて、誠意を表にあらわすようにしなければならない。

模範的な礼儀正しさは水とそっくりで、味も混じり気もなく、透明に澄み切っているのが、いちばんおいしいにちがいない。人間の天性は、生地《きじ》のままのあくの強さをカバーしてくれるものである。このような天性と個性がなければ、われわれの生活は味気ない変化の乏しいものになり、人間らしいたくましさも失われてしまうだろう。

礼儀正しさは親切心である。他人の幸せをいつも考え、不愉快な思いをさせたりするような行ないはけっしてしないことである。それは他人に対して親切であるばかりか、自分も感謝の気持ちを忘れず、やさしい行為を素直にありがたく思うことでもある。

2 この〝心がけ〟があれば、世界がもっと広がる！

心くばりとは、主として他人の人格を尊重することである。自分が尊敬されたいと思う時、人は相手の個性をまず尊重し、相手の考え方や意見がたとえ自分のそれとはちがっていても、それを快く認めてやるはずである。

心くばりをわきまえている人は相手に敬意を払う態度を忘れず、時には辛抱強く話を聞いてやるだけで、相手に尊敬されることすらある。このような人は忍耐強く自分を抑える能力があり、善悪の判断をきびしく下さないのである。相手を悪いと決めつければ、自分もきっと同じ目に遭わなければならないだろう。

◆「自慢話」をやめ、「行動」で自分のよさを示せ

不作法で衝動的な人は、時によると冗談と引き換えに友人を失ってしまう。自分の口からこぼれた冗談で一時の快感に浸った代償として、相手の憎しみを買ったばかな奴だと言われるのはまちがいない。「悪意とひねくれ根性の二つは、人間が持っているぜいたく品の中でもいちばん高くつくもの」である。

人あたりのいい分別のある人間は、自分のほうが隣人たちよりも偉いとか、利口だとか、金持ちだなどというふりをしない。自分の社会的な地位や生まれのよさを自慢げに話したりはしないし、自分と同じような特権を持っていないからといって相手を見下《みくだ》したりもしない。職業や成功した話を吹聴せず、口を開けば、「時と所を構わずに自分の仕事の話ばかり」ということもない。

それどころか、言葉も行為もすべてひかえめで、見栄を張らず気どりがない。この人たちは自慢話に花を咲かせるかわりに、行動を通じて自分の本当の性格を示してい

るのである。

他人の気持ちを尊重できないのは自己中心的な人に多く、それはとっつきにくい、よそよそしい態度になって表われる。悪意があるというよりも、思いやりがなくデリカシーに欠けるといったほうがいいだろう。そういう人は、相手を喜ばせるか傷つけるかというほんの些細な気くばりもできなければ、それを考えようともしないのだ。

育ちのよさと悪さがはっきりと表われるのは、その人が人間関係を保っていくうえで、いわゆる自己犠牲の精神をどれくらい発揮できるかによるといっても過言ではない。

ほどほどの自制心を持たない人間は、仲間にとって我慢のならない存在である。いつも周囲に厄介ばかり起こすので、誰も進んでつき合おうとはしない。大勢の人が、自制心がないばかりに世間を狭くして出世をはばまれ、根性のねじけた思いやりのない性格のために、成功を手にすることができずにいる。

反対に才能は劣るかもしれないが、自分を抑制し、辛抱強く冷静さを失わぬように努めるだけで、成功への道を切り開いている人たちがいるのである。

このように、人生で成功をおさめた人たちの中には、才能ばかりではなく、その気性によった例もある。それも特に、陽気で明るい気性が幸せをもたらすことは確かなようだ。愛想《あいそ》のよい柔らかな物腰、人間同士のつき合いに欠かせない当たりさわりのない話題、いつでも喜んで他人のために奉仕する気持ちが彼らに幸せを運ぶのである。

一方、他人を尊重できない気持ちはいろいろぶしつけな形で表われる。たとえば、身だしなみが悪い、清潔感がない、人に不快感を与える癖をやめないなどである。だらしのないうす汚れた人間は、見た目の不愉快さで周囲の人たちの感情を害する。形こそちがえ、これもやはり礼儀をわきまえぬ無礼な態度にほかならない。

◆「人当たりのよさ」は一つの大きな才能

完成された礼儀作法は肩の凝《こ》らないものである。特に人目につくこともなく、自然で気どりがない。ありのままで飾りけのない丁重さとわざとらしさは相容《あいい》れない。

フランスのモラリスト、ラ・ロシュフコーは、「それらしく見せかけようとする欲望ほど、自然なふるまいをさまたげるものはない」と言っている。

こうして再び、他人の気持ちに対する思いやり、親切心、丁重さ、人あたりのよさとなって表面に表われる人間の誠意と真心の問題に話が戻るのである。

素直で誠意にあふれた人は、自然のままでいてもこのような雰囲気を身につけているものだ。こういう人は、ただそこにいるだけで周囲の人たちを暖かく包み、気分を浮き立たせ、そのハートを射止めてしまう。このように次元の高いマナーは、人格と同じで、本物の力となるのである。宗教家のキングズレーは語っている。

「シドニー・スミスが、富める者も貧しい者も、とにかく彼とかかわりを持ったすべての人たちから愛と尊敬を勝ち得たのは、一つの行為のおかげであると思える。すなわちおそらく無意識にであろうが、彼は金持ちにも貧乏人にも、召使であろうと客として招いた貴族であろうと、まったく同じような思いやりのある明るい愛情のこもった態度で接した。おかげで、どこへ行っても彼は人びとに幸せをもたらし、自分も幸せになった」

◆生活に楽しみの数をふやす〝心くばり〟のすすめ

礼儀正しさは通常、よい家庭に生まれ育った人たち、そしてどちらかと言えば社会の底辺ではなく上流社会に属する人たちが持つ特質であると考えられている。

確かに上流階級の子供たちはよい環境に恵まれて育っているから、この考え方もある点までは納得できる。しかし、金持ちと同じように、貧乏人はそれなりにお互い同士、折り目正しくつき合ってはいけないという理由はない。

自分の手を汚して労働にいそしむ人たちでも、自分に誇りをもち、他人を尊敬することはできるのだ。互いに相手に対する態度、言葉を変えれば礼儀作法、心くばりによって、相互の信頼感と自尊心を伝えられる。

この種の思いやりさえあれば、仕事場で、隣近所のつき合いで、そして家庭でも、楽しみの数はいくらでもふえるものである。たとえ一介のしがない労働者であっても、仲間を啓発し、勤勉で礼儀正しく思いやりのある自分の生活態度を身をもって示して、それをみんなにも少しずつ見習わせるように仕向けることはできる。

ベンジャミン・フランクリンは、労働者として働いていた時代に、このようにして工場全体の体質をすっかり変えてしまったと言われている。

◆折り目正しさはいちばん経済的な「貴重品」

財布の中に金がなくても礼儀を守ることはできる。礼儀正しさはいつでもどこでも役立つ貴重品だが、無料で買える。生活必需品の中でもいちばん安い。芸術品としてはもっとも地味かもしれないが、社会の役に立ち、人に喜びを与える点から見れば、慈善行為に近いと言ってもいいだろう。

言葉づかいや動作などの趣味のよさはまことに経済的なものだ。たいした手間ひまをかけずに、休んでいる時も働いている時も、気持ちをなごませてくれる。これが勤勉さや義務の遂行と一緒になれば、さらに申し分ない。

貧しさもその多くは趣味のよさによって救われる。家庭のやりくりにそれがあらわれ、粗末な家に風情と輝きを与える。家の中に洗練された明るい雰囲気がただよい、暖かい気持ちがかもし出される。

このように思いやりと聡明さと一体になった趣味のよさは、どん底生活を送っている人たちをも引き立て、美しく飾ってくれるのである。

◆「ただの石で終わるか、立派な玉になるか」の分かれ目

礼儀作法を教える最初にして最高の学校は、人格の場合と同じく家庭であり、そこでは母親が先生である。一般的意味における社会的マナーは、よかれ悪しかれ家庭という集団でのマナーの反映にすぎない。

ただし、暖かみのない家庭に育ったというハンディキャップがあっても、知識と同じように自分の力で礼儀作法を身につける訓練を積み、よい手本を見習って、他人に対して気持ちのよい態度を養うことは不可能ではない。

われわれはみな、ほとんど加工されていない宝石のようなものである。宝石本来の美しさと輝きを引き出すには、自分よりもすぐれた人たちとつき合って磨きをかけなければならない。なかには宝石のほんの一面しか磨かない人もいるが、宝石の価値を余すところなく発揮させるためには、経験による鍛練と、日常生活の人間関係において手本となるような人と接触を持つことが必要である。

正しいマナーを身につけるには感受性が豊かでなくてはならない。概して女性は男性に比較して感受性が鋭いからこそ、先生としての感化力も大きいのである。女性は男性よりも自分を抑制する力があり、本質的に上品で行儀がいい。女性は直感的に機転が利き、行動に移るのも早く、他人の心を見抜く鋭い洞察力があり、すばやく相手を見分けて、手際のよい応対をすることができる。

日常生活の細かい事柄に直面すると、女性は適切で機敏な反応を示し、上手にそれを処理する。礼儀正しい男性は、やさしくて機転が利《き》く女性とのふれ合いを通じて、洗練された態度を身につけたケースが多い。

◆相手の気をそらさない〝機転〟の力

機転は、礼儀作法の中でも直感に頼るものであり、才能や知識では解決できない難しい問題を切り抜ける力を持っている。ある評論家は書いている。

「才能は力であり、機転は特殊技術である。才能はおもしであり、機転ははずみである。才能は何をなすべきかを知り、機転はいかになすべきかを知る。才能は尊敬に値する人間をつくり、機転はただちに人びとの尊敬を集める。才能は財産であり、機転はすぐに使える小出しの金である」

醜男の代表のようなある男が、自分は女性の気を引くことにおいては、イギリス一の美男子と比べても、三日とはちがわないとよく話していた。これなどは相手の気をそらさぬ機転と結びついたマナーの威力である。

だがこの男の話は、礼儀作法にあまり惑《まど》わされてはいけないという警告をも含んでいる。礼儀が本当の性格を隠してしまうことがあるからだ。隙《すき》のない礼儀作法を心得た人間は、よからぬ目的のために人の目を欺《あざむ》くこともできるのである。

3　相手の「人間性」をどのように見抜くか

礼儀は美術品と同じで、感動を与え、見た目にはきわめて心地のよいものである。しかし人が「持っていない美徳をさもあるかのように見せかける」ように、礼儀もただの仮面がわりに使われる可能性がある。

それは目に見える外面的なよい行ないのしるしではあるが、うわっつらだけの薄っぺらなものかもしれない。洗練された身のこなしを見せても、心の中は腐り切っているかもしれないし、一分の隙もない礼儀正しさも、結局はにこやかなゼスチュアと美辞麗句を並べ立てただけにすぎないかもしれない。

これとは反対に、豊かな人間性を持ちながら礼儀を知らなかった人たちも、時にはいたということを忘れてはならない。

堅い皮がおいしい果肉をおおっているように、ぶっきらぼうな外観が親切で暖かい性格を閉じ込めてしまっていることがよくある。一見無骨《ぶこつ》な人間はお辞儀の仕方さえ知らないような印象を与えるが、心の中は意外に誠実でやさしく暖かみにあふれていることがあるのだ。

◆秋霜烈日《しゅうそうれつじつ》のきびしさと春風のやさしさとの〝最高の傑作〟

ルターは、荒っぽさと無骨さの塊のように思われていた。

しかし、彼が生きていた時代そのものが野蛮で暴力に満ちていたのであり、その中でルターがやり遂げねばならぬ仕事は、やさしさとか人あたりのよさなどでは到底達成できる種類のものではなかった。ヨーロッパを無気力な眠りから目覚めさせるために、彼は力をふりしぼり、時には荒々しい口調で人びとを奮い立たせ、檄文《げきぶん》を書かねばならなかった。

しかし、ルターの荒々しさは言葉のうえだけだったのである。見るからにいかつい外見は、暖かい心を包み隠していた。

仕事を離れた時のルターはやさしく慈愛に満ち、飾りけがなく、凡人以上に質素で家庭的な人間だった。ルターは、自己にきびしい一本気な人だったのである。心は豊かでやさしく「愉快な奴」でさえあった。

◆飾りけのない態度で深い思いやりを見せる

誰に対しても気難しく、人の言うことにはいろいろ口をはさみ異議を唱える癖は、冷淡で興ざめのするものだ。そうかといって、何を言われても唯々諾々《いいだくだく》と受け入れるのも不愉快である。男らしくないし、誠実さが感じられない。

無関心と淡白、当然の賞賛を与えるのと相手構わずにお世辞《せじ》をふりまくのと、この二つを使い分けるのは難しいと思われるかもしれないが、実はしごく簡単なことである。正しいことを正しい方法で実行するには、機嫌のよい飾りけのない態度で、深い思いやりを見せるのを忘れさえしなければいいのだ。

◆「つき合いにくい人間」の中にかえって実直さがある

気さくで垢《あか》ぬけた人と堅苦しくてぎごちない人――仕事や社会活動、あるいは軽い友達づき合いをするにはどちらが適しているかは、改めて考えてみる必要もないだろう。だがどちらのほうが忠実な友人となり、約束を破らず、良心的に義務を果たすかということになるとまったくの別問題である。

フランス人が言う「ぶざまなイギリス人」、つまりそっけない不器用なイギリス人は、確かに初対面ではとっつきにくい。まるで棒を呑み込んだようにしゃちほこばっている。しかし、それはただ恥ずかしくてたまらないからなのだ。相手を見下しているから堅くなっているのではなく、はにかんでいるだけのことで、いくら振り払おうとしてもどうにもならないのである。

内気な二人のイギリス人が初めて顔を合わせたとする。まるでつららが二本突っ立っているみたいだ。二人は互いに相手に気づかれぬように身体の位置をずらしていって、いつの間にか背中合わせになってしまう。これがもし旅の途中だと、汽車に乗っても正反対の隅っこに、こそこそと座ることになる。

こういう内気なイギリス人が汽車で旅行をしようとする時には、まず一人でもぐり込むために、空のコンパートメントはないかと列車に沿って歩き始める。そして目ざす場所をさがし当て、ゆっくり落ち着くと、今度は同じコンパートメントに乗り込んで来る相客を、内心苦々しい思いで迎えるのである。所属するクラブの食堂に入って行くと、そういう内気な男はみな空いているテーブルをさがすので、時にはどのテーブルにも客が一人しか座っていないという情景が生まれることさえある。

どう見ても社交性のないこのような態度も、もとをただせばただの気恥ずかしさが原因で、これはイギリスを代表するどうしようもない国民性なのである。

◆極端に内気だったニュートンとシェークスピア

ニュートンは、同時代の人の中でもいちばん引っ込み思案な男だった。世間から不評を買うのを恐れて、自分が成し遂げた偉大な発見のいくつかを、しばらくは公表しなかったほどだし、あの有名な万有引力の法則や二項定理とその応用についても、実際に発見された日から何年も経って、はじめて発表している。地球の周囲を回る月の自転説についても、自分の名前を「王立協会機関誌《フィロソフィカル・トランザクションズ》」には載《の》せないでほしいとして、こう伝えている。

「名前が出れば、知人がふえるだろう。それは第一に避けるべきことだ」

あらゆる資料から推定して、シェークスピアもまた非常に内気な人間であったと思われる。彼の戯曲《ぎきょく》が世に送り出されたいきさつや発表された日付けについても不明瞭な点が多く、作品を自分の手で編集したり、出版する許可を与えたという記録が残っていないからである。

自分で書いた芝居にほんの脇役で出演したこと、世評にはまったく無関心で同時代の仲間に批評されるのをあからさまに嫌っていたこと、ある程度のたくわえができると華やかな演劇の中心地ロンドンからただちに姿を消してしまったこと、四十歳そこそこで引退し、イギリス中部の名もない小さな町で余生を送ったことなどのすべてを考え合わせると、極度に人見知りの強い内気な人間像が浮かび上がってくる。

シェークスピアの内気さは、バイロンと同じく足が不自由であったことにも原因があると思われる。

これ以外に、彼には人生に対する高い希望がなかったこともある。膨大な作品の中にあらゆる才能・愛情・美徳などをふんだんに織り込んだ彼ほどの偉大な劇作家が、希望についてふれることがほとんどなく、その多くの作品が、将来を悲観して絶望的になっているというのはきわめて注目すべき現象である。

彼が書いたソネットには絶望的な香りのただようものが多い。足の不自由さを嘆き、役者という自分の職業を弁解し、「自信のなさ」と希望のない愛をうたい、「棺《ひつぎ》に閉じ込められるような不吉な運命」を予感し、「安らかな死」に対する心からの悲痛な叫びを上げている。

◆自分を向上させる確かな「心眼」

気品のあるマナー、礼儀正しい行為、優雅な身のこなし、そして人生を美しく楽しくしてくれるすべての芸術は養成する価値はあるが、誠実さ、実直さ、正直などという、人間としてはもっと基本的なものを差しおいてまで身につける必要はない。

美の根源は目に映るものではなく心の中になければならないし、もし芸術が美しい人生を生み出さず人格を高揚させるものでもなければ、あまり役に立っているとは言えない。丁寧な礼儀作法は、心のこもった動作を伴わなければ意味がない。

芸術は素朴な喜びの源であり、高い教養を養うためには大切な手助けとなる。しかし教養を高めることにつながらなければ、ただ官能に訴えるだけであろう。そして芸術がただ官能的であるだけなら、それは人格を強めたり高揚させたりするよりも、むしろ弱め堕落させる役目しか果たさない。

誠実な勇気は、山ほどの優雅さにもまさる。純粋さは気品にまさり、心と身体の清潔さにはどんなにすぐれた芸術作品もかなわない。

結論を言えば、礼儀作法を養うことを無視してはいけないが、われわれが目指すのは楽しみ、芸術、富、権力、知性、才能などよりももっと崇高で偉大なものであることを忘れてはならない、ということだ。すなわちそれは純粋で卓越した人格である。個人の善意というしっかりとした基礎のうえに成り立っていなければ、いくら礼儀正しく上品であっても、そしてどんなにすばらしい芸術作品でも、われわれを向上させることはできないだろう。

4 人生の質・大きさは「友人」で決まる

家庭で受けたもっとも自然な形の教育は、その後も長い間われわれに影響を与え続ける。それどころか、その影響がまったく消えてしまうということは絶対にない。しかし歳月の流れとともに、やがて家庭が人格形成に絶対的な影響力を持たなくなる日がやってくる。

今まで家庭が果たしてきた役目は、もっと人為的な学校教育と、友人とのつき合いにバトンタッチされ、人格はそこから強い影響を受けながら、さらに形を成していく。

◆自分を託すに足る「手本」をまわりに集める

老若《ろうにゃく》を問わず、特に若い人はどうしても日頃つき合っている仲間のまねをしたくなるものだ。ジョージ・ハーバートの母親は息子たちにこう教えている。
「私たちの身体は毎日、肉や野菜から栄養をとっている。私たちの魂も同じように、まわりの人のお手本や話などから無意識のうちに、よくも悪くも栄養分をとっているのですよ」

つき合っている人の影響をまったく受けずに人格を形成することなど不可能である。人間は、生まれながらにしてまねをするようにできている。程度の差こそあれ、他人の話や態度、歩き方や動作、そのうえ考え方に至るまで影響を受けるものなのだ。
「手本には何の意味もないのだろうか？　いや、手本こそすべてである。われわれにとって手本は学校そのものであり、他から何一つ学べない」と言ったのはバークである。

模倣《もほう》はほとんど無意識のうちになされるものなので、その効果もはっきりした形ではわからない。しかし、まねした当人に与える影響はおそらく永遠に消えないだろう。

人格が変わったことが歴然とわかるのは、感じやすい人がよほど印象的な人物にかかわった時だけである。しかしそれほど目立たない人物が、まわりの人に何らかの形で影響を与える場合もあり得るのだ。その人物が手本となって絶えず働きかけ、感受性やものの考え方、習慣などが確実に似かよってくるのである。

エマソンは、「長年連れ添った老夫婦、あるいは同じ屋根の下で暮らした者同士は、いつの間にかよく似てくるものだ」と述べている。そこで、かりにいやというほど一緒に暮らさねばならないとしたら、しまいにはほとんど見分けがつかなくなってしまうことになる。

年配の人ですらそうだとすると、ましてや柔軟性のある感じやすい性格の若者なら、自分をとりまく人の言葉や生き方をすぐにまねしようとするのだから、その可能性はもっと強い。

「教育についてはいろいろと論じられてきたが、そのどれをとっても視覚に訴える手本というものをないがしろにしているように思えてならない。手本こそ全能なのである。私は、兄弟を手本に多くのことを学んだ。家族全員が真の独立独行の自立精神に燃えていたので、私もまねをしてその精神を身につけた」と医学者チャールズ・ベルは手紙につづっている。

◆その〝姿見〟ほど自分を鮮明に映すものはない！

環境は人格の形成に大いに力がある。環境が、個人の成長期においてもっともその影響力を発揮するというのは、自然の理にかなっている。

時が経つにつれて手本をまねすることが習慣になり、いつしかその人の性格として固まってしまう。そして気づいた時には、その習慣があまりにも強くなりすぎていて、多少なりとも自分の自由な発想まで抑えつけなければならなくなる。

性格として固まった悪い習慣は暴君にも等しく、心の中では呪いながらもどうしても逃れられない場合がある。抵抗しようにもまったく力のない習慣の奴隷と化してしまうのである。「習慣という横暴な一大帝国にはむかうだけの強い精神力を養うことが、道徳教育の主な目的の一つである」とロックが言ったのは、このような理由からである。

手本による教育は、ごく自然な気持ちから無意識のうちに行なわれる場合が多い。そうかといって、若い人は必ずしも周囲の人に盲目的に従ったりまねしたりしなくてもいい。自分自身の行動は、仲間の行動とは比較しようもないほど人生の目的や人生観を決める強い力を持っている。

彼らにはみな、意志の力と自由に行動する力がある。勇気をもってその力を行使すれば、自分の判断で友達を選ぶことができる。年配の人でもそうだが、自分の習慣の奴隷になり下がったり他人を盲目的にまねしたりするのは、しっかりした人生の目的を持っていない時だけである。

「つき合っている友人を見ればその人がわかる」とよく言われる。酒をたしなまない人は酒飲みと、洗練された人はがさつ者と、まじめな人はふしだらな者とは、当然のことながらつき合わない。

堕落した人間とつき合えば趣味が悪くなるし、考え方も不健全になる。その深みにはまれば、人格の質は必然的に低下する。

そんな人間の話す言葉は非常に危険だ。すぐに害を及ぼさなくとも、聞いた人の心に悪の種を蒔《ま》き、話した当人がいなくなってから頭をもたげるからである。

「まるで将来必ず息を吹きかえす伝染病みたいなものだ」とセネカも言っている。

好ましい影響を受けて指導され、自分の自由意志を良心的に働かしさえすれば、若い人は必ず自分よりもすぐれた仲間を求め、その手本をまねようと努力するにちがいない。前向きの姿勢を持った善良な人間とつき合うことは、常によき滋養《じよう》分となる。反対に悪い仲間とつき合えば、害あって益のない結果を生じるだけである。

◆こんな〝刺激的〟な共同生活を経験してみるのもいい！

その人を知ることがすなわち愛と名誉と賞賛を学ぶことにつながる人もいれば、反対に軽蔑と嫌悪感しか教えてくれない人もいる。

高邁《こうまい》な人格を持った人と暮らしてみるがいい。必ずや自分も向上し、目を見開かされる思いがするだろう。スペインの格言にも、「狼《おおかみ》と暮らせば遠吠《とおぼ》えが上手になる」とある。

ごく普通の知り合いでも、わがままな人とつき合うのは好ましくない。人情味がなくて鈍感な、ひとりよがりの考え方が身についてしまうからである。

これは、人間らしい寛容な人格を育てるためにはマイナスである。ものの見方が型にはまってしまい、道徳観念も低下する。心も狭くなって、あいまいなご都合主義におちいりやすくなってしまう。スケールの大きな野心を抱いて真に完成された人間になりたいと願う人にとって、これらはみな命とりになる。

これとは反対に、自分よりすぐれた知能を持った経験豊富な人とつき合えば、必ず何らかの刺激を受けて活気づけられる。人生に対する知識も深まるだろう。

彼らと比べて自分を評価し、足りない知識を分けてもらうがよい。彼らの目を通して認識を深め、彼らの豊かな経験、それも喜ばしい経験よりは苦しみ悩んだ経験から、より多くの有益な教訓を学びとることができるだろう。

このように、賢くて活力にあふれた人とつき合えば、必ず人格形成にもっとも必要で価値のある影響を受けられるにちがいない。すなわち才能が豊かになり、決断力も強くなる。高い目的を持って、自分はもとより他人の問題をも解決してやる場合に役立つ的確な能力を身につけることができるのである。

ある夫人は次のように述懐している。

「若い頃に一人で暮らしたおかげでとても損をした、と心から残念に思うことがあります。妥協しようとしない自我ほど、暮らしていてひどい仲間はありません。それに、他人を助けるにはどうすればよいかがまったくわからなくなるだけでなく、何をしてもらいたがっているのか見当もつかなくなってしまうのです。

静かな生活ができなくなるほど大げさなのも困りますが、人とつき合うことは私たちを満ち足りた気分にし、経験を豊かにしてくれるでしょう。慈善とはまたちがった思いやりの気持ちがだんだん輪を広げ、必ず宝物を持ち帰ってくるのです。人格の向上にも役立ち、自分の大切な目標からは目を離さず、しかも上手に自分の道を切り開いていくことができるようにもなるでしょう」

人格はあらゆる場面でその効力を発揮する。仕事場に人格者がいれば仲間は勇気づけられ、向上心も高まるだろう。逆に人格が劣り労働意欲のない人間は、知らず知らずのうちに仲間の質をも低下させてしまうだろう。

善良な人とコミュニケーションを持てば、必ず善を生む。善良さは広い範囲に影響を及ぼす。

「バラが植えられるまで私はただの泥土でした」――芳香を放つ土がこんなことを語る一節が、東洋の伝説の中にある。ウリのつるにナスビはならず、善は善しか生まない。

「善良さがどれほど多くの善を生むか、それは驚くほどである。善良なものは単独でいることがないし、悪もまた然りである。それはまた別の善なり悪なりを生み、新しく生まれたものはまたその次へと、とめどがない。池に投げた石がだんだんと水面に波紋を広げ、ついには最初の輪が岸に届くのに似ている。この世に存在するほとんどすべての善は、このようにして過ぎ去った遠い過去から次々に受け継がれてきたものであり、知られざる神の御心《みこころ》から伝えられたものである、と私は考えている」

これはキャノン・モーズリーの言葉である。

5 きびしい生き方と説得力

つまるところ、われわれはよい手本、悪い手本を互いに見せ合いながら毎日を送っているのだ。立派な人の生き方は、美徳を教えたり悪をきびしく否定したりするにはもっとも強い説得力がある。ジョージ・ハーバート牧師は、教区での任務につくにあたって次のように述べている。

「何よりもまず私自身、清く正しく生きる覚悟である。品行方正な毎日を送る牧師の姿には、何よりも強い説得力があるからだ。その姿を見て、人びとは自然に敬虔な気持ちを抱くようになり、できることなら自分も同じような生き方をしたいと考えるようになるものだ」

さらに彼はこうつけ加えている。

「今は、言葉だけの説教よりも目に見えるよい手本が必要な時代である。私は必ずこれを実行するつもりでいる」

善は偉大な力で人を引きつけ、支配する。善に目覚めた人こそ人の上に立つものとしてふさわしい。すべての人はその後に従おうとする。

一緒にいるだけで、新鮮な空気を吸い込んでいるような気分にさせてくれる人がいるものだ。太陽の光をいっぱいに浴び、さわやかな山の空気を吸い込むように、彼らの存在はわれわれに再び力を与え、励ましてくれる。

たとえば、トマス・モアの穏やかな性格は、善を呼び悪を抑える強い力を持っていた。

ブルック卿は、病に倒れた友人、詩人であるフィリップ・シドニーについて、「彼の頭にひらめく機智と英知は、言葉や意見という形をとらず、その生き方や行動に姿を変えて自分自身だけでなく、他人をも立派な人間に育てた」

と述べている。

◆〝存在感のある人〟の重み、感化力

偉大で徳の高い人物は、見るだけでも若者の励みになる。おだやかな人、勇敢な人、誠実な人、度量の広い人を目のあたりにすれば、あこがれと尊敬の念は抑え切れない。フランスの小説家シャトーブリアンがワシントンを見たのはたった一度だったが、その時の感激を一生忘れることができなかった。その一度きりの出会いの様子を、彼は次のように語っている。

「私が何の名声も得られぬうちに、ワシントンは棺におさめられてしまった。どこの誰とも知れぬ一人の人間として、私は彼の前を通りすぎた。彼はまぶしいほどに光り輝いていた。一方、私はまったく無名の存在だった。彼は、私の名前などその日のうちに忘れてしまったにちがいない。それでも、彼の目が自分に注がれただけで天にも昇る心地がした。その思い出は、今でも私を暖かく包んでくれている。偉大な人物というのは、そのまなざしだけにも徳を感じるものだ」

ドイツの古代史家ニーブールが死んだ時、出版業を営む友人のペルテスは、彼のことをこう語っている。

「何というすばらしい仲間だったろう！　彼は卑劣な悪人には恐れられ、勤勉で正直な人には頼りにされ、若者のよき友人であり助言者でもあった」

ペルテスは別の機会にこうも言った。

「人生で悪戦苦闘している人は、同じようなつらい経験をした頼りになる人たちにいつも囲まれているほうがいい。邪悪な考えは、立派な人物の肖像画を見たとたんにどこかへ吹き飛んでしまう。その生き方を考えれば、肖像画を持っているのが気恥ずかしくなるだろう」

あるカトリック教徒の金貸しは、誰かをだまそうと悪だくみする時は、いつも自分が尊敬している聖人の肖像画を布で隠した。

「美しい婦人の肖像画を前にして不作法なことはできないはずだ」とハズリットが言ったのもこれと同じ理由からである。

あるドイツの貧しい女性も、壁にかかっているルターの肖像画を指さして、「男らしくて誠実なこの顔をじっと見ていると、心が洗われたようになるのです」と言ったという。

部屋に飾っている偉人の肖像画との間にも、不完全ながら交流を持つことができる。

その人物に親しみを感じるようになり、その姿を眺めているともっとよく理解できるような気になってくる。

偉人の肖像画は、われわれと立派な人格とを結びつける絆である。たとえ英雄の足もとにも及ばなくとも、四六時中その姿を眺めていれば、ある程度は勇気を与えられ力づけられるものである。

心やさしい性格の人にも他人を善に導く影響力がある。詩人ワーズワースは、妹のドロシーから一生消えることのない深い感動を受けている。幼年時代はもとより大人になってからも、彼は妹こそ神が自分に与えた宝物であったと表現している。彼女は二つ年下だったが、そのこまやかな思いやりとやさしさは彼の性格を大きく感化し、詩の世界に向けて心を開かせたのである。

このようにおだやかな性格も、愛情と知性の力で人格の形成に影響を与え、常に人を高めることができるのである。

◆常に〝活力〟を周囲に与え続ける人のエネルギー源

活力にあふれた人格は、常に他人の活力をも呼び覚ます力を持っている。いわゆる共感を呼ぶのだ。

これは、人と人とのコミュニケーションを深めるにはもっとも効果がある。何か一つに熱中しているエネルギッシュな人のところには、いつしか人が集まってくる。彼が見せる手本には不思議な力があるので、どうしてもまねしたくなってしまうのだ。電流のようなものが彼の全身からほとばしり出て周囲の人に伝わり、導き寄せる。

批評家アーノルドには、若い人にこの電流を流す力があった。伝記にはこう書かれている。

「若い人の間にうずまいていたのは、けっして彼の才能や学問や言葉に対する熱狂的なあこがれではない。それはむしろ、一心不乱に仕事に取り組んでいる一人の人間の魂によって共感を呼び覚まされる感動だったのである。彼が成し遂げた業績は、健全で確固たる信念に基づいていた。そのうえ、彼は神を恐れる心を片時も忘れてはいなかったのである。それは一段と深い義務感のうえに立った業績であった」

才能のある人がこんな力を使えば、勇気と熱意と献身の気持ちを呼び起こす。いつの時代にも、特定の一人を極端に賛美したために生まれた英雄と殉教者《じゅんきょうしゃ》は数多い。強い支配力を備えた人格は、このようにしてじかに人の魂に働きかける。霊感を受けた人を生きかえらせ、活力を与えるのである。

偉大な精神には強い放射力がある。力を出すだけでなく、それを他に伝えたり新しく生み出したりすることもできる。ダンテはこの力でペトラルカやボッカチオ、タッソーをはじめとするたくさんの偉大な魂を目覚めさせて、ルネサンス文学における自分の跡を継がせた。

◆〝無感動人間〟になっていないか

偉大で徳のある人物は人に慕われ、強い賞賛の気持ちを起こさせる。すぐれた人格をほめたたえることで精神は高まり、自分の精神を解放して利己心からもとの正しい姿に戻してくれる。

偉大な思想や行動を残した人を思い出すと、たとえつかの間であろうとも清らかな雰囲気に包まれ、自らの目的や目標もいつの間にか高められたような気持ちになるものである。

「尊敬している人物を教えてくれれば、少なくともあなたの好みや才能、人柄について言い当ててみせよう」とはサント・ブーブの言葉である。

いやしい人間を尊敬するなら自分もいやしい性格だし、金持ちを尊敬するなら俗物にすぎない。肩書のある人間を尊敬するならおべっか使いか、さもなければ相手の顔色をうかがう人間だ。勇気のある誠実で男らしい人を尊敬するなら、自分もまちがいなくそのような性格をしている。

何かにあこがれるという衝動がいちばん強いのは、人格形成期、すなわち若い時である。われわれは、年をとるにつれて習慣の型にはめられてしまい、何を見ても感動しないようになってしまいがちだ。

若い頃は性格に柔軟性があり、物事にも感じやすい。こういった時期に、偉大な人物に対するあこがれの気持ちを植えつけておいたほうがいい。

若者は思いもよらない人物を英雄視するものだから、とんでもない悪者にあこがれたりしかねない。だからこそアーノルドは、自分の教え子が立派な行ないやすぐれた人物、それにすばらしい景色を見て感動するのが何よりもうれしかったのである。

「〝何を見ても感動しない〟とは悪魔の好みそうな言葉だ。感動がなくなってしまえば、自分の教えのもっと深い部分を生徒に伝えられなくなってしまう。わけのわからないアンチ・ロマンの風潮にかぶれている人は、自分の才能のもっともすばらしいところを失い、それればかりか愚劣で低級きわまりないものから自分を守る術を忘れ去ってしまったのだ、といつも気の毒に思う」

◆本物をかけ値なしで見きわめる目！

「他人の長所を認めて賞賛する人は、誰よりも多くの友人に恵まれる。そのような人の性格は大らかで率直で心が暖かく、他人の手柄を無邪気に喜ぶことができるのだ」

とサミュエル・ジョンソンは言っている。

ジョンソンの親しい友人であるボズウェルは、彼に対して神を崇拝するのにも似た気持ちを抱いていた。だからこそ伝記文学の傑作『サミュエル・ジョンソン伝』が生まれたのである。ジョンソンのような人物に魅力を感じて、他人に軽蔑されたりばかにされたりしながら彼に対する尊敬の念を失わなかったのは、ボズウェル自身がすぐれた性格だったからにちがいない。

ただし、政治家マコーレーはボズウェルを評して、「意志薄弱《はくじゃく》でうぬぼれが強く、ずうずうしいうえにせんさく好きで口数も多い。おまけにウィットとユーモアに欠け、説得力もない、というまったく鼻につく見下げ果てた男だ」とこきおろしている。

しかし、カーライルは彼の性格をもっと正確につかんでいた。

「確かにボズウェルにはいろいろな面でうぬぼれが強くて愚かな点があるかもしれないが、真にすぐれた英知を心から賞賛する昔ながらの崇拝主義が染み込んでいた。さもなければ『サミュエル・ジョンソン伝』は書けなかったはずだ。

英知を見きわめる目と熱意、そしてそれを言葉にする能力があったからこそ、ボズウェルは傑作を世に送り出せたのだ。自由奔放《ほんぽう》な洞察力、ほとばしるような才能、そして何よりも子供のような無邪気さと愛情があったからこそ、できたことである」

◆心に自分だけの〝ヒーロー〟を住まわせる！

心の広い若者、特に本をよく読む若者には自分だけの英雄がいる。たとえばアラン・カニンガムは、ニスデイルの石屋に奉公していた頃、スコットに会いたい一心でエジンバラまで歩いて行った。何かに憑《つ》かれたようなこの若者の行為には思わず賞賛の声を上げたくなるし、旅に出ようと決めた決断力には頭が下がる。

詩人ロジャーズは、「子供の頃、サミュエル・ジョンソンに会うことを何よりも願っていた」とよく人に話して聞かせた。けれどもボルト・コートにあるジョンソン邸の玄関の前に立った瞬間、急におじけづいてそのまま帰ってしまったという。

ユダヤ系の文人アイザック・ディズレーリも、若い時にロジャーズと同じ目的でボルト・コートを訪れた。ドアをたたく勇気はあったのだが、残念なことにこの偉大なる『英語辞典』の編集者は数時間前に息を引きとった、と召使《めしつかい》に教えられたのである。

狭い度量しか持たない人は、他人を心からほめることができない。何とも気の毒なことに、彼らには尊敬の気持ちはおろか、偉大な人物やその業績を認める能力がないのだ。

心の狭い人間は、あこがれるもののスケールまで小さい。ひき蛙《がえる》の頭に浮かぶいちばん美しいものと言えば自分と仲のいいメスのひき蛙であり、けちな俗物紳士が夢見る理想像は名前だけは知られた俗物紳士なのである。

奴隷商人は奴隷の体格を見て値段をつける。あるギニアの奴隷商人は、ローマ法皇と画家ゴッドフレー・クネラーの二人を前にして、次のように言ったと伝えられている。

「あなた方がどんなに偉いか知りませんが、見たところどうも気に入りませんね。お二人を合わせたより体格のいい男を、よく十ギニーで買いますよ」

◆賢者は愚者にも学び、愚者は賢者を見習わない

「たとえ親友であろうと、他人の不幸を見て心から悲しむとは言い切れない」というフランスのモラリスト、ラ・ロシュフコーの格言がある。他人の成功をねたんだり不愉快に思ったりするのは、本質的に度量の狭い、いやしい性格があるからにほかならない。

不幸なことだが、世の中には大らかな気持ちを持てない人が多い。他人をあざ笑うことしか知らない人間ほど不愉快なものはない。こういった人たちは、どんな立派な業績であれ、他人の成功を腹立たしく思うことが多いのである。人がほめられているのを聞くのは耐えられない。相手が自分と同じ道を志していたり、同じ職業であったりすればなおさらである。人のあやまちは許せても、他人が自分を追い越して何かをするのは我慢がならない。

そして挫折した時、自分が今までこっぴどく他人をけなしていたことをはっきり悟るのである。あるひねくれた批評家は、自分のライバルについてこう語っている。

「神はあれほどの才能を彼に与えた。これが、どうして愉快な気分でいられるという

のだ？」

ケチな了見しか持たない人は、他人をあざ笑ったり攻撃してあらをさがしたりすることしか考えない。分別のないあつかましい行為や反道徳的な行為以外のあらゆるものに、いつでも嘲笑を浴びせかねない。こんな人にとって何より救いが得られるのは、人格者に弱点があるのを知った時である。

「賢い人間がミスを一つもしなかったら、愚かな人間はたまらないだろう」とジョージ・ハーバートは述べている。

賢者は愚者がおかすミスを避けることによって、愚者に学ぶところがあるが、愚者は賢者の示す手本を見ても何も感動しないことのほうが多いのだ。

「偉大な人物や充実した時代のいいところを見ずに、欠点ばかり気にするのは悲しむべき性格だ」と、あるドイツの作家は嘆いている。

6　「才能」は情熱を得て花開く

偉大な人物を見習い、そのスタイルや流儀や才能を学んで自分の人格を形づくっていった例は、歴史のページを開けばどこにでもころがっている。軍人や政治家、演説家、愛国者、詩人、芸術家などはみな多かれ少なかれ、無意識のうちに見習うだけの価値がある人の行動や生き方から学んだ。

偉大な人物は、王や法皇や皇帝にも賞賛の念を起こさせる。繁栄をきわめたあのメディチ家のフランチェスコでさえ、ミケランジェロと話す時には必ず帽子をとったし、法皇ユリウス二世も、枢機卿たちを立たせていてもミケランジェロにだけはいつも自分の隣の椅子をすすめた。

神聖ローマ皇帝カール五世は、画家ティツィアーノに一目《いちもく》置いていた。ある時ティツィアーノがあやまって絵筆を落としたが、皇帝は腰をかがめてその筆を拾い上げ、こう言った。

「そなたには、皇帝たる余の奉仕を受ける資格がある」

◆すぐれた才能はけっして孤ならず

ハイドンは、他人はともかく音楽の先生にだけは好かれていなかったし、認めてもらえなかったと冗談まじりに告白している。しかし、著名な音楽家はみな驚くほどお互いの才能をすすんで認め合うものである。ハイドン自身、人からつまらぬやきもちを焼かれた経験はなかったようだ。

イタリアの著名な作曲家ポルポラに心酔し切っていたハイドンは、召使に雇ってもらおうと決心した。ポルポラの家族に会う機会を得て、彼は無事、思いどおりの仕事につけたのである。それから毎朝、彼は大先輩のコートにブラシをかけ、靴を磨き、古めかしいかつらの手入れに励んだ。

はじめこそポルポラはこの闖入者《ちんにゅうしゃ》に小言《こごと》ばかり言っていたが、まもなく気持ちもやわらいで、いつしか彼に愛情までも感じるようになった。彼がこの召使の才能をすばやく見抜いて適切な指導を与え、その才能を伸ばしてやったおかげで、ハイドンは音楽家としての名声を得られたのである。

また、ヘンデルに対するハイドンのあこがれは熱狂的なもので、「ヘンデルはわれわれすべての父である」とまで言い切っている。スカルラッティもヘンデルの崇拝者であった。彼の名前を耳にするたびに、尊敬の念を表わす印として胸に十字を切ったという。モーツァルトの思いも同じように熱く、「ヘンデルの音楽は、雷電のように心を打つ」と言っている。

ベートーヴェンなどは「音楽の王国に君臨する王者」とヘンデルをたたえている。ベートーヴェンが息を引き取る直前、友人が四十巻に及ぶヘンデルの作品を贈った。じっと見つめるベートーヴェンの瞳に光がよみがえった。彼はそれを指さしながらこう叫んだ。

「ああ、真理がそこに……」

ハイドンは故人ばかりでなく、同時代に生きる若いモーツァルトやベートーヴェンの才能も高く評価した。心の狭い人間なら自分の仲間に嫉妬《しっと》するだろうが、真に偉大な人間は互いに認め合い、愛し合うものだ。モーツァルトについて、ハイドンはこう書いている。

「私も、あの誰にもまねのできないモーツァルトのすばらしい音楽が大好きで、大いに感動する。彼の作品を、世のすべての音楽愛好家、そして特に偉い人に理解してもらいたい。そして深い感銘を味わってもらうのが私の願いだ。そうすればどこの国もみな、モーツァルトという宝石を自分の国の宝物にしたいと考えるだろう。プラハはこのすばらしい男を国内にとどめるだけでなく、正当な報酬を与えるべきである。そうでもしなければ、偉大な天才の一生は惨めすぎる……類《たぐい》まれなる男モーツァルトが、いまだにどこの王室にもかかえられていない事実を考えると腹立たしくなる。興奮しすぎた点はおわびするが、私はこの男が本当に好きなのだ！」

モーツァルトのほうでも、ハイドンの長所を素直に認めている。モーツァルトは、ある批評家に次のように語っている。

「あなたと私を一緒に溶かしたとしても、ハイドン一人をつくる材料としては不足でしょう」

また、ベートーヴェンの音楽をはじめて聞いたモーツァルトは、「あの若者の音楽を聞いてみるがいい。将来、世界的な名声を博するにちがいないという確信を抱くだろう」と感想を語っている。

◆「偉大な生き方」は時を超えて生き続ける

偉大な人の示した手本は永久に消えることがない。いつまでも生き続け、後の世代に語りかける。

伝記小説は、精一杯に生きればどんな人間に成長して、どんな仕事を成し遂げられるかを教えてくれる。それを読めば新しい自信と力が湧いてくる。登場する人物が自分には手の届かないほど偉大であっても、やはりあこがれと希望を抱くよう勇気づけられるだろう。

体内にはわれわれと同じ赤い血が流れ、同じ世界に生きた大先輩たちの生涯は万国共通の力を持っている。彼らは今もなお草葉《くさば》の陰《かげ》からわれわれに語りかけ、彼らの歩んだ道に導いてくれる。彼らが身をもって示した手本は、われわれに教えを授け影響を与え、正しい人生を歩ませるために生き続けている。

高潔な人格は時代から時代へと永久に受け継がれる遺産であり、同じような人格を絶え間なく生み出していくのである。

「聖人は百年の教えを説く。老子《ろうし》の生き方を知れば愚者は賢くなり、よく迷う者は強い決断力を得る」と中国の言葉にもある。

すぐれた人物の血の通った生涯は、後世の人たちにとっていつまでも自由と解放の福音であり続けるのである。

「われわれは、後に残る者の心の中にいつまでも生き続ける」

人徳にあふれた人の口から出た言葉や行動に示された手本は、いつの時代にも生きている。それらはみな後に続く者の頭や心の中に染み通って、人生のよき伴侶としてわれわれを助けるばかりか死を迎える時の心の慰めともなる。

「後世の人に立派な教えや手本を残すという輝かしい名誉を担うことは、真に偉大な人物だけに許されているのだ」とは、インドで布教活動をした後、冷たい牢獄で一生を終えたヘンリー・マーティンの言葉である。

第6章

人を動かす

——自分の信念に命をかけられるか

1　強く秘めた〝信念〟を持って立つ!

われわれは勇気ある人たちに負うところが大きい。勇気と言っても、身の危険を恐れないような肉体的勇気ではない。そんな勇気ならば、人間はみな少なくともブルドッグと同じ程度には持っている。だが、ブルドッグが犬の中でもいちばん頭のいい種類かと言えば、そうでもない。

ここでとり上げる勇気とは、真理と義務を重んじるためにあらゆる困難と苦しみに自らすすんで立ち向かう、内に秘めた静かな努力と忍耐力のことである。この勇気は勲章や爵位、あるいは血にどっぷりつかった月桂冠で報われる勇猛果敢な行動よりも、もっと英雄的な勇気なのである。

人間社会において最高の秩序を特徴づけるのは、真理を求めてそれを発表する勇気、公平な判断を下す勇気、誠実であろうとする勇気、誘惑を退ける勇気、そして義務を遂行する勇気などに代表される精神的な勇気である。このような勇気がまず備わっていなければ、他の美徳を身につけることはおぼつかない。

◆自分の信念を貫き通す勇気

われわれに宇宙のことや地球のこと、そして自分自身のことをさらにくわしく教えてくれる知識は、いずれも過去の偉大な人びとの活力と献身、自己犠牲と勇気によって広められてきた。

どんな反対や悪口にも屈しなかった彼らには、人間社会に貢献した人の中でももっとも名誉ある地位を与えられる資格があるのだ。

過去において科学者に向けられた不公平で狭い考え方は、現代にも通用する教訓を含んでいる。すなわち辛抱強く観察を続け、真剣に考え抜いた末に得た確信を自由に正直に発表するのであれば、たとえ自分と考えのちがう人にも寛容な気持ちを持たなければならないことを教えてくれるのである。

「世界は、神が人間に送られた手紙である」と言ったのはプラトンである。

その中に含まれた本当の意味を引き出すためにその手紙を読んだり研究したりすることは、神の力をより深く知り、神の智恵をよりはっきりと確認し、神の善により感謝を捧げるには何よりも効果的なのである。

自分の信念を貫き、困難や危険や苦しみに行く手をはばまれながらも正義を守り、強い勇気を持って道徳論争を闘い抜き、真実を愛する信念をあざむくぐらいならむしろ喜んで死を選んだような不滅の人びとの例は、数え上げようとすればいくら時間があっても足りないだろう。

気高い義務の精神によって力づけられたそのような人びとは、過去においてもっとも英雄的な姿を見せ、現在もなお歴史を通して数々の崇高な場面をわれわれの目の前にくり広げてくれる。

◆「自分の仕事」に文字どおり命をかけた男の執念

トマス・モアの行動も勇気にあふれていた。彼はきわめて熱心なカトリック信者であったために、ヘンリー八世の離婚問題に反対して処刑されたのである。喜びいさんで彼は処刑台に歩み寄った。良心に逆らうよりはむしろ死を選んだことに満足していた。

多くの偉大な人物は、困難や危険にさらされたときには妻に慰められ、支えられたものだが、モアにはそれがなかった。彼を励ましてくれるはずの妻は、ロンドン塔に閉じ込められた夫を訪れるだけであった。

彼女にしてみれば、ヘンリー八世の離婚を認めさえすれば、夫はすぐにも自由の身になって静かな書斎や果樹園のある居心地のよいチェルシーの自宅で家族と一緒に暮らせるものを、何だってこんなところにいつまでもいたいのか、と夫の気持ちがどうしてもわからなかったのである。

ある日のこと、彼女は夫に向かってこう言った。

「今まではいつも賢いやり方で切り抜けてきたのに、なぜ今度に限ってこんなジメジメした狭い牢屋にねずみと一緒に閉じ込められるようなばかなまねをしているのか、不思議でたまらないのです。他の司教と同じようにすれば、すぐにでも自由になれるっていうのに」

だが、モアは自分の義務を異なった立場から見ていたのである。単なる個人的な満足感のためではなかった。妻のいさめの言葉も何の功も奏さなかった。

「ここの暮らしだって、家に比べてそう悪くはないじゃないか。え?」

モアは妻の言葉をやんわりと受け流して、いかにも楽しそうに言った。それを聞いた妻は、吐き捨てるように、「何てばかばかしい!」と答えたという。

モアの娘マーガレット・ローパーは、母親と反対に何があっても信念を貫き通すようにと父親を励まし、心から慰め、元気づけた。ペンもインクもとり上げられたモアは、炭のかけらで娘に手紙を書いた。

その中の一通に、「親を思うやさしいおまえの手紙が、どれほど私にとって慰めになるか、それを表現するにはたとえペンのかわりに山ほどの炭のかけらがあろうとも、とても足りないだろう」という一節がある。

モアは真実のために命を捧げた殉教者だった。彼は偽りの誓いはせず、純粋であったがゆえにむごい死に方を強いられたのである。断頭台の露と消えた彼の首は、当時の野蛮な慣習に従ってロンドン・ブリッジにさらされた。

マーガレット・ローパーは勇敢にも父の首をさらし台から降ろして、自分に渡してもらえまいかと願い出た。父に対する愛情は死後の世界にまで及び、自分が死んだ時には、父の首も一緒に埋めてもらいたいと望んだのである。その後だいぶたって彼女の墓を開いてみると、胸であったと思われる部分にこの貴重な遺物が置かれてあるのが発見された。

2　易《やす》きにつかず、流されず

成功は努力に対する当然の報酬であるが、かすかな成功の見込みすらないのに、こつこつと根気よく努力し続けなければならないことがよくある。

先の見通しがまったく立たない暗闇の中で種を蒔き、やがてそれが芽を吹いて根を広げ、見事な実を結ぶのを夢見ながら、自分の勇気だけを頼りに生きなければならない。

立派な主義主張は数え切れないほどの失敗を重ね、要塞を攻め落とそうとした反対論者の屍《しかばね》を乗り越えて、勝利への道を勝ちとらねばならなかった。彼らが示した英雄的な行為は結果そのものではなく、どのような反対と戦ったか、そしてその戦いを支えた勇気によって評価されるべきなのである。

勝てる望みのない戦いにいどむ愛国者、勝どきの声を上げる敵のまっただ中で死んでいく殉教者、長いさすらいの苦しみを数年間味わいながらもくじけることのなかったコロンブスのような探検家などは、非の打ちどころがない見事な成功よりも、われわれの心に強く深く訴えかけるすぐれた精神的な勇気の見本である。

生きていくうえで必要な勇気の大半は英雄的な勇気ではない。歴史に残る勇気に負けない勇気は、日常生活でも発揮されるものだ。

たとえば誠実さを支える勇気、誘惑を退ける勇気、真実を語る勇気、にせものではない自分自身を貫き通す勇気、不当に他人の財力を頼らず、自分の収入だけでつつましく暮らす勇気などである。

◆決断せよ、そこから行動が生まれる

この世に存在する不幸と悪のほとんどは、優柔不断なためか目的意識が薄弱なために生じる。言葉を変えれば、勇気がないからである。

人はみな、何が正しいのかよく承知している。それでいて正しいことをする勇気に欠けている場合が多い。自分が果たすべき義務をよくわきまえていながら、それを実行に移すためになくてはならぬ決断力を奮い起こすことをしない。

意志が弱くて信念のない人間は、あらゆる誘惑のなすがままにされる。「ノー」のひと言が言えず誘惑に負けてしまう。つき合っている友達が悪ければ悪い見本に刺激

されて、いともやすやすと悪の道に足を踏み入れてしまうのだ。

人格は、それ自身の活力にあふれた行動によってのみ支えられ、強められるのは確かである。人格を形成するいちばん強い力である意志は、決断を下すという習慣にまで鍛えられねばならない。さもなければ悪に対抗することはおろか、善に従うことすらできなくなってしまう。

決断力は自分の立場を固持する力を与える。もしたとえわずかでも屈すれば、破滅につながる下り坂に一歩足を踏み出すことになるだろう。

決断を下すのに、他人の力をあてにするのは無意味というよりもっとひどい。緊急の事態においてわれわれは自分の力を信じ、勇気を持ってことにあたる習慣を身につけなければならない。『プルターク英雄伝』の中に次のような話がある。

戦いの最中だというのに、マケドニア王はヘラクレスに生けにえを捧げるという名目で隣の町へ引き揚げていった。彼が神の加護を願っているのとちょうど同じ時刻に、敵であるエミリウスのほうは勝利を目ざして剣を手にし、その戦いに勝ったのである。

これと同じようなことは、毎日の生活においてもくりかえされているのだ。

◆〝かけ声〟ばかりで一生を終えてしまう惨めさ

見事に練り上げられてはいるが言葉だけで終わってしまうような目的、かけ声ばかりで実行されない行為、いつまで経っても手がつけられない計画――これらはいずれも、ほんのちょっとした勇気ある決断がなされないのが原因である。口ばかりで何もしないないなら、黙っているほうがはるかにましというものだ。

日常生活や仕事においても、話し合いよりも迅速《じんそく》さが望ましい。行動こそが大切なのだ。

「どうしてもしなければならない重要なことに直面した時、事態がはっきりしていて急を要するのに、決心がつきかねて優柔不断な態度をとることほど手に負えないものはない。新しい生活を始めようといつも思いながら、実際にはなかなかとりかかろうとしない。これでは、人が食べたり飲んだり寝たりするのを一日のばしにして、ついには飢え死にしてしまうのと同じことである」と、ある人も言っている。

次に、いわゆる社会の腐敗した力に立ち向かうにはかなりの道徳的勇気が必要である。〝グランディー夫人〟（口やかましい人のたとえ）は庶民的でどこにでもいる人物だが、その影響力ははかり知れない。互いの人格について、無意識のうちに一つの基準のようなものを抱いているのだ。それぞれの仲間や階層、地位や階級には独自のしきたりや考え方があって、のけ者にされたくなければそれに従わなければならない。その結果、ある者は流行の、ある者はしきたりの、またある者は考え方の狭い殻《から》の中に閉じ込められてしまう。

自分が所属する社会以外のことを考えたり、人とちがった行動をとったり、個性的なものの見方や行動が認められる自由な空気にふれようとしたりする者はほとんどいない。悲惨な破滅の危険を冒《おか》すかもしれないのに、われわれは何も考えずに周囲と同じものを食べ、同じ服を着、同じ流行を追っているのである。

自分自身のやり方に従うよりも、自分を支配している迷信的な考え方に盲従するのだ。

われわれ自らの社会にも歪んだ風習があり、〝グランディー夫人〟は世界の至るところに住んでいるのである。まず、そのことを反省してみる必要があるだろう。

道徳的な卑劣さはプライベートな生活にも公の生活にも同じように見受けられる。

俗物主義は金持ちにへつらうだけとは限らない。貧乏人の機嫌をとることもよくある。

以前は、自分より地位の高い人に対してあまりあからさまに本当のことを言ったりしないのがお世辞というものだった。今ではむしろ、自分よりも地位の低い人が相手である場合が多い。今や「一般大衆」が政治の実権を握る世の中であるから、大衆にこびへつらい、甘い言葉でしか話しかけない傾向が強くなってきている。

美徳にあふれていると言われても、実際にそんなものはかけらも持っていないことなど、大衆自身がよく知っているのだ。都合の悪い真実は隠してしまうから、公には有益で穏健な発言しかしない。大衆の人気を得たい一心で、実現不可能な見せかけだけの意見を述べることが多くなるのだ。

◆今こそ必要な「流れに逆らって泳ぐ力と勇気」

今の時代に必要なのは、社会的地位のある教養人の支持だけではない。貧しい人びとの人気も集めなければならない。選挙にはできるだけ多くの票が必要だからである。社会的地位の高い人も金持ちも教養ある人も、票を得るために無知な人の前で平身低頭してみせるのだ。人気を失うぐらいなら、いつでも信念を捨てて不正を働きかねない手合いなのである。

毅然たる態度をとって度量の大きさを見せるよりも、卑屈《ひくつ》になってこびへつらうほうがずっと簡単であり、偏見に立ち向かうよりも屈するほうが容易であると考えている人が現実にいるものなのである。流れに逆らって泳ぐには、力と勇気が必要だ。そのどちらも持っていない魚は干上がるだけなのだ。

俗受けをねらうこの種の根性は過去数年の間に急速に広がり、結果的に政治家の質を著しく低下させてしまうことになった。

つまり、良心がより柔軟性を持つようになってしまったのだ。今では議会用と講演会用に二つの良心を持っている始末だ。

日常生活では嫌われているが、大衆に迎合するための偏見は公然とまかり通っている。偽善的な行為でさえ昨今では大して不名誉なこととは考えられていないようだ。しかし所詮《しょせん》は、利害にかかわりある人の意見と符丁《ふちょう》を合わせたように一致する、わざとらしい嘘の会話はその場限りのものにすぎない。

これと同じ道徳的卑劣さは、上に向かって広がるのと同時に下にも影響を与える。作用と反作用は常に等しい。上に対する偽善行為とご都合主義は、必ず下に対しても同じ作用を及ぼすのである。

高い地位にある人に自分の意見を通す勇気がなくて、地位の低い人に何を期待できるというのだ？　彼らは目の前に置かれた手本をまねるだけではないか。彼らも嘘とごまかしで責任を逃れ、地位の高い人と同じように口で言うこととやることがちがっても平気な顔をするようになるだろう。

自分の行動を隠すために、封をした箱か人目につかぬ隠れ場所を与えてみるがいい。やれやれ、やっとその中で彼らは「自由」を謳歌《おうか》できるにちがいない。

◆自分の頭で考え、信念を築け！

今日《こんにち》言われている人気とは、必ずしもその人物をひいき目に見て生じたものではない。反対されたがために生じた場合もかなりある。

「背骨が固い人間は栄光の座につけない」というロシアの格言がある。人気集めに余念がない人間の背骨は軟骨質で、大衆の拍手喝采《かっさい》を浴びるためならば、どちらを向いてでも深々と腰をまげることなど造作《ぞうさ》ないのだ。

大衆にへつらい、真理を隠し、俗受けすることを話したり書いたり、さらには人びとの階級意識にあくどく訴え、上流階級に対する憎しみをあおり立てて得た人気は、誠実な人の目には見下げ果てた浅ましいものとして映るにちがいない。ベンサムは、ある有名な政治家について次のように述べている。

「彼の政治信条は、多くの人に愛された結果というより、少数の人の憎しみにあって生まれたものだ。ひとりよがりの勝手な依怙《えこ》ひいきに左右されるようではどうしようもない」

この言葉が当てはまる人間が今の世の中に果たして何人いるだろうか。

「もっとも通俗的な人気というものはあまり価値のあるものではない。全力を尽くして与えられた義務を果たし、自己の良心に忠実であれば本当の意味での次元の高い人気が自然に生まれるはずだ」と、ある人は語っている。

人が独立独行で活力にあふれた状態を保つためには、知性を伴う大胆さも必要である。われわれは自分を貫く勇気を持つべきである。他人の影であったり、こだまであったりしてはならない。自分の力を試し、自分の頭で考え、自分の意見を発表すべきなのだ。自分自身の考えを練り上げて、自分だけの信念を築かなければならない。

昔から、あえて自分の意見をまとめようとしないのは卑怯者《ひきようもの》、やろうと思えばできるのにそうしないのは怠け者、そして自分の意見が何もないのは愚か者だと言われている。

将来を嘱望《しょくぼう》されている人の多くが途中で挫折し、友人の期待を裏切るのも、この知性を伴う大胆さに欠けていたからである。勇敢に行動するのだが、一歩歩むごとに勇気が外に漏《も》れてしまう。決断力と勇気と忍耐力が不足しているのだ。先の危険を計算し、チャンスをはかりにかけているうちに二度とめぐって来ない大事な機会を見逃してしまうのである。

3 〝コケの一念〟に生きる人の強さ、すばらしさ

人は真実を愛するがゆえに、それを正しく発表しなければならない。

「真実が私に語られないのを苦しんでいるよりは、私が真実を語って苦しむほうがよかった」と言ったのは政治家のジョン・ピムである。公平に熟考を重ねた末に自分の信念が形づくられたならば、それを行動に移すのにあらゆる正当な手段を使うことが許されている。

どうしても自分の意見を発表して、対立する立場をとらなければならない場合があ

る。同調することが意志の弱さを示すのではなく、むしろ罪になる時だ。悪徳には抵抗すべきである。邪悪なものには泣き寝入りをせず、打ちのめさなければならない。

当然のことながら、誠実な人は欺瞞《ぎまん》と、正直者は嘘《うそ》と、正義を愛する者は抑圧と、そして清らかな心の持ち主は悪や不正とは相容れない。自分と反対のものと戦い、できればその戦いに勝たねばならない。このような人は、いつの時代にも道徳的な力を備えた人物として認められている。

博愛の精神によって奮い立ち、勇気に支えられた人こそ、社会の進歩と改革を推進した大黒柱だったのである。

彼らが絶えず社会の悪に挑戦して来なかったならば、世界はわがままと悪の王国にその主権のほとんどを譲り渡していたにちがいない。

◆シーザーが〝シーザー〟たり得た最大の理由

世界を正しい方向にリードし、支配するのは、志操堅固で勇気ある人である。意志薄弱な人間は何の功績も残さない。まっすぐな精神を持ったエネルギッシュな人の一生は、世界を照らす光の軌跡にも似ている。

その手本は人びとの脳裏に刻み込まれて永遠に訴えかける。彼の思想や精神、そして勇気は世代から世代へと受け継がれ、人を感動させるのである。

いつの時代でも、熱狂的な奇跡を生み出したのは活力であり、それは意志を貫くためにはもっとも大切なものである。活力は人格の力と言われるものの源であり、すべての偉大な行動を支えるものである。

強い意志を持った人物は、御影石《みかげいし》のように固い勇気をよりどころとして正義の道を切り開いていく。あのダビデのように、目の前に陣を布《し》く敵の大軍に臆《おく》することなく、敢然と巨人ゴリアテに立ち向かっていくにちがいない。

必ずやり遂げることができると感じていれば、困難を乗り越えられることがよくあるものだ。その時の自信は、他人への刺激剤にもなる。

シーザーの乗った船が航海の途中、暴風雨に遭ったことがある。恐ろしさの余り、船長はすっかりおじけづいてしまった。すると、この偉大な指揮官は大声でこう叫んだものだ。

「何をそんなに怖がっている？　この船には、シーザーが乗っているではないか！」

雄々《おお》しい人の勇気はたちまち他人にも伝染する。彼の強さが臆病者の気持ちをしずめ、あるいは励ますのである。不屈の魂を持てば、たとえ反対に出合ってもけっして挫折したり押し戻されたりはしない。

ディオゲネスは、哲学者アンティステネスの弟子になりたいと思ってその門をたたき、「あなたのために一生を捧げたい」と頼んだが、にべもなく断わられてしまった。ディオゲネスがなおも執拗《しつよう》に迫ると、アンティステネスは節《ふし》くれだった杖《つえ》をふり上げ、帰らなければこの杖で打つぞと言っておどした。

「どうかご存分に！　私の根気強さを打ち負かすほど丈夫な杖は、どこをさがしてもないことがおわかりになるでしょう」

ディオゲネスは昂然《こうぜん》と胸を張った。アンティステネスは返す言葉もなく、ただちに入門を許したという。

活力にあふれ、賢さも適度に持っていれば、山ほどの知識はあっても活力がないよりは立派である。活力は実務能力を生み、力と勢いを人に与える。活力は人格の生きた原動力である。

そして、もし活力が賢明さと冷静さに結びつけば、人は人生のあらゆる場面で自分の実力を最大限に活用できるだろう。

◆逃げてばかりいる人に〝安住の地〟は永遠にない！

こんなわけだから、ごく人並みの力しかない平凡な人でも、活力にあふれた目的意識に刺激されると、思いもよらぬ結果を生むことがあるのだ。

世界に強い影響を及ぼした人の多くは特に天才的な能力があったのではなく、あふれんばかりの活力と強い決意に駆り立てられて黙々と仕事に励んだのである。ムハンマド、ルター、カルヴァンなどがそのよい例である。

活力と忍耐力を伴った勇気があれば、どんな障害をも克服できるはずだ。勇気は努力する力を与え、逃げ出すことを許さない。

忍耐力は、正しく使えば時間とともに強くなる。身分に関係なく、常に根気強さを忘れなければ、必ず何らかの形で報われるものである。他人の助けを借りるのは意味のないことだ。頼りにしていたパトロンが死んだ時、ミケランジェロは次のように言った。

「世間が与えてくれる保証など、その多くは空《むな》しい一時の夢にすぎない。自分の力を信じて価値のある人間になるのが何よりも安全な道だと、自分にもわかりかけてきた」

◆真に勇敢な人間ほど「繊細な神経」を持ち合わせている

勇気とやさしさは矛盾《むじゅん》するものではない。それどころか勇気ある行動をとる人は、男であっても女に負けないほどのやさしさと繊細な神経をもち合わせているものだ。勇気ある人間は、同時にまた寛大な人間にもなり得る。いや、むしろ自然にそうなってしまう。

ネーズビーの戦いの際、王党派の将軍フェアファックスは、敵の旗手から奪った軍旗を丁重に扱うようにと言って自分の部下に手渡した。旗を受け取った兵隊はつい誘惑に負けて、これは自分が奪ったのだと仲間に自慢してしまった。その話が将軍の耳に入ったが、「そのまま奴の手柄にしておいてやるがいい。私には他にもたくさん手柄があるのだから」と言ったという。

フランスに、ある職人の自己犠牲の精神に関する逸話がある。

パリ市内に建築中の高い建物があった。足場には職人と大量の建築材料が乗っている。ただでさえ頑丈《がんじょう》でないから、足場はそのために音を立てて崩れ落ちてしまった。乗っていた職人は二人を残してみな、まっさかさまに墜落してしまった。

後に残ったのは若者と中年の職人だった。二人がかろうじてつかまっている狭い板は、その重みで今にも折れてしまいそうだった。年上の男が叫んだ。

「お願いだ、手を離してくれ。俺には妻や子供がいるんだ」

すると若者は、「わかった。そのとおりだ！」と言って手を離し、地面にたたきつけられて死んでしまったのである。一家の主《あるじ》はこうして無事に命をとりとめた。

勇敢な人間はやさしさだけでなく、寛容さも持っている。たとえ敵であっても、不利な立場にいる相手なら襲いかかることもしないし、防ぐ術《すべ》を知らない相手であればそれ以上攻撃することもしない。死にもの狂いの戦いの最中でも、こんな寛大さは珍しくはない。

ウィッテンベルクを攻め落とした神聖ローマ皇帝カール五世について、次のような話がある。ルターの墓を訪れた皇帝が墓碑銘を読んでいると、同行したご機嫌とりの上手な部下が「棺のふたを開けて、〝異端者〟の遺骨を風で吹き飛ばしてやろうじゃありませんか」と提案した。これを聞いたカール五世は顔を真っ赤にして怒り、「余は死せる者を鞭《むち》打つ気はない。この墓を汚《けが》すなどとんでもないことだ」と言って部下をたしなめたという。

4　実力にまさる「保証」はない！

偉大なる無神論者アリストテレスが描いた度量の大きな人間像は、言葉を変えれば真のジェントルマンの理想像とも言えるが、これは現代にもそのまま通用する。

「度量の大きな人間は、幸運にめぐり合っても不幸にあっても極端な行動はとらないものだ。成功したからといって有頂天《うちょうてん》にならず、失敗したからといって立ち直れないほど悲嘆にくれたりもしない。

危険は避けないが好んで求めもしない。心にかかることがほとんどないからである。口数は少なくしゃべり方もゆっくりしているが、必要とあれば思ったことを包み隠さず大胆に発表する。自分の実力を信じているから他人の長所をすぐに認める。侮辱を受けても無視する。自分や他人についてとやかく語ったりしない。自分がほめられたり他人が傷つけられたりするのを好まないからである。つまらぬことですぐにわめき散らしたりせず、人の助けを求めたりもしないのだ」

反対に、心の狭い人間は他人をほめるにもケチケチしている。節度を知らず、気前のよさも寛容さも持ち合わせていない。弱い者や無防備な者をいつでも踏みつける。

特に、不正な手段で高い地位についた場合にはそれがはなはだしい。上流社会の俗物根性はいちばん手に負えない。人間味に欠けているのを見せつけられる機会が多いからだ。鼻にかけた態度をとり、何をするにももったいぶって見せる。偉くなればなるほど、その地位にそぐわないボロが目立ってくるものだ。

「高いところへ登れば登るほど、猿のしっぽはよく見える」ということわざどおりである。

◆ケチな人間は魂さえも裏長屋に住む

結局、何をするにもやり方が大切なのだ。寛大な気持ちから出た行為は親切として受けとられるが、不承不承でする行為は意地悪とまではいかなくても、しみったれた感じを与える。

貧しい生活を送っていたベン・ジョンソンが病に臥《ふ》した時、王はありきたりの見舞状を添えて慰労金を贈った。不屈の精神を持った詩人は、思うままをズバリと言った。

「私が裏長屋に住んでいるのでこんなものを贈ったのだろう。王の魂こそ裏長屋に住むにふさわしいと伝えてくれ」

これまで述べたことでもわかるように、忍耐強い勇気を持つことは人格形成にとって重要な意味がある。

それは生活に役立つばかりでなく、幸福の源でもある。臆病だったり卑怯だったりするのは最大の不幸である。

子供の教育において賢明な人がいちばん重点を置くのは、恐れを知らない習慣を身につけさせることだという。恐れを感じない習慣は、勤勉さや注意深さや努力などの習慣と同じように、訓練しだいでどうにでもなるものなのである。

われわれのまわりにある恐怖の多くは、空想の産物である。あまり可能性もないのに、起こるかもしれないという不吉なイメージを芽生えさせる。だから本当の危険に立ち向かい、克服するだけの勇気を奮い起こせる人を見ると、空想の恐怖におののく人はびっくり仰天《ぎょうてん》してしまうのだ。

空想するにも、よほど用心しないとすぐに災いにぶつかってしまうことが多い。自分で勝手につくり出した心配の種で、取り越し苦労をしなければならない破目《はめ》におちいってしまうだろう。

5　人生という「畑」で、経験という「種」をいかに実らせるか

人生という学校で経験を積んだ生徒は、どの程度のものを得ただろうか？　経験を積んでどんな利益があっただろうか？

精神を鍛えて何を手に入れただろうか？　知識や勇気や自己抑制の力は増しただろうか？　恵まれた生活の中でも誠実さを失わず、自分を抑え節度を守って暮らしただろうか？　それとも他人の気持ちを無視して、自分勝手な一生を送ったのだろうか？　試練と逆境から何を学んだのだろうか？　ただいらいらと気難しく、不平ばかりこぼしていたのだろうか？

◆時間を友にするか、敵にするか

経験から得たものは、当然、日常生活の中に何らかの形となってあらわれる。生活すなわち時間である。経験豊かな人は、時間をよき協力者として頼ることを知っている。

「時間と私が組めば、怖いものはない」とは、栄華《えいが》をきわめたルイ十四世の宰相《さいしょう》を務めたマザランの金言《きんげん》だった。

時間は過去のできごとを美化し、人の心を慰めるものと解されてきたが、同時に時間はまた教師でもあるのだ。時間は経験を養い、知識を育む。時間は若者の友となるが、敵にもなる。時間を上手に使ったか、むだに浪費してしまったかによって、年老いた時の明暗が分かれてしまうからである。

若者にとって、新しい世界は新鮮な喜びと楽しさにあふれ、輝いて見える。しかし、時が経つにつれて、われわれはそれが喜びばかりか悲しみの世界であることを知らされる。

人生の道を歩むにつれて、苦しみ・悲しみ・悩み・不幸・失敗などの暗い情景が道の行く手にあらわれる。清らかな心と堅い決意でこれらを切り抜け、試練に明るく立ち向かい、どんな重荷を負わされてもまっすぐに立っていられる人は何よりも幸せである。

実際に役立つ知識は、経験という学校を通して身につく。尊い教訓や法則にもそれなりの価値はあるが、実生活で鍛えられなければ、それはただの机上《きじょう》の理論に終わってしまう。

読書や講演に耳を傾けるだけではなく、広く大勢の人たちとふれ合いを持つことで、人格も本物となる。それにはきびしい現実に直面しなければならない。

そしてまた、社会に貢献する価値ある人間になるためには、大地にしっかりと足をつけて仕事にいそしみ、誘惑や試練と戦い、日常生活で出合うさまざまな悲しみに耐えなければならない。

世間に門を閉ざした徳はさほど有益ではない。孤独な生活を楽しんでいたとしても、その喜びは、所詮自己満足にすぎない。一人ひっそりと暮らすのは、他人を軽蔑しているからとも解釈できるし、それ以上に本人が卑怯な怠け者かわがままな人間であることを証明しているようなものだ。

人にはそれぞれ与えられた仕事と義務があり、この二つは自分のためにも、また自分が所属する社会のためにも回避することはできない。

実際的な知識を身につけ、いろいろな智恵を学ぶには、社会の一員として実生活に溶け込む以外に方法はない。社会の荒波にもまれてこそ、われわれは自分のやらねばならないことを知り、仕事のきびしさを知り、忍耐力・根気そして勤勉さを養い、人格を磨くことができるのである。

社会と接触することは、はかり知れない苦しみに耐える訓練を強いられることではあるが、世間を遠ざけて一人隠遁《いんとん》生活をするよりもはるかに多くを学ぶことができる。

◆「何ができないか」を知ることが肝心

他人とのふれ合いは自分自身を知るための必要条件でもある。大勢の人たちと自由に交わってこそ、人は自分の能力を正当に評価できる。そうでなければうぬぼれが強くなり、思い上がった傲慢《ごうまん》な人間になってしまう。そこまで行かずとも、その人は、他人とつき合わなかったために、一生、自分の本当の姿がわからずじまいで終わってしまうだろう。

『ガリバー旅行記』の作者スウィフトは言っている。

「自分の力を知っている者は、あやまった人間像をけっして自分に当てはめないが、自分の力を知らない者は虚構の自分をつくり上げてしまうものだ」

このように社会の一員として何かをしようと志す人には、自分を正しく認識することが必要である。これははっきりとした自分の信念を打ち立てる最初の足がかりにもなる。ある人は友人に、「君は、自分に何ができるかは知っているだろうが、何ができないかがわかるようにならなくては、大望は達せられないし、心の平和も得られない」と教えている。

経験を積んで何かを得た人は、けっしてみだりに助けを外に求めたりしない。自分が他人から学ぶ身であるのをよくわきまえているので、分不相応《ぶんふそうおう》に大それたことをやってのけようとは思わないからだ。

われわれは自分を大切にするだけでなく、社会に向かって心を開かねばならない。そして自分よりも賢明で経験豊かな人たちに教えてもらうことを恥と思ってはならない。

経験を積んで人間的に成長した人は、目につくものをみな正しく判断し、日常生活の課題を把握しようと努める。

私たちが常識と呼んでいるものは、そのほとんどがごくありふれた経験を思慮分別をもって処理した結果生まれたものにすぎない。常識を身につけるには忍耐力とか正確さとか注意力は別として、特別な才能を必要としないのである。

会ってみてものわかりがいいと思えるのは、実社会で仕事にたずさわっている人に多い。その人たちは自分の目で実際に見て学んだ知識をもとに話を進める。くもの巣のようにこんがらかった理想をかかげている人たちとはちがう。

◆若い「情熱の土」にいろいろな種を蒔《ま》いておけ

若者の胸に宿るささやかな情熱は、人生の励みとなり、活力にあふれた原動力として役に立つ。情熱はたとえどんなに燃え上がっていても、経験に鍛えられ抑えられながら、時間によってしだいに冷まされていくものだが、しかし、そこで人の嘲笑を買ってへこたれたり、あきらめたりせずにかえって勇気づけられれば、それはその人が健全で将来性のある性格を持っている証拠である。

エゴイズムは偏狭でわがままな性格のしるしだが、こちらは没我的で勇敢な性格のあらわれである。人生の出発点からエゴイズムと自信過剰につきまとわれていては、勇気ある寛大な性格はけっして育たない。

青春は人生の春である。若い寛容な心に種を蒔《ま》かなければ、夏になっても花は開かず、秋の収穫もおぼつかない。このような人生は春のない一年のようなものだ。情熱がなければ、何かに賭けて力を試すことも少なく、実りはさらに少ない。情熱があれば自信と希望に刺激されて労働意欲も湧き、ビジネスと義務の冷たい世界も明るく乗り越えることができるだろう。

◆現実をしっかり踏まえつつ〝ロマン〟に生きる

「ロマンと現実がうまくミックスされた時、人はもっとも有意義に人生を送ることができる。ロマンすなわち情熱的な要素には、気高い行為を人に促し、それを支えるエネルギーとしての価値がある」

と、勇敢なる軍人ロレンスは述べている。

彼は常日頃若者たちに、情熱の火を消さず、その感情を大切に養い、賢明で気高い目標に向けるように、とさとしていた。

「ロマンと現実が正しく溶けあっていれば、現実は好ましい実際的な目標に向かってでこぼこ道を歩み、ロマンのほうは美しい夢や深い信念を与えて、その道中の疲れをまぎらわせようとする。だから、この物質ばかりが優先する現実の世界にあっても、人は他人には干渉《かんしょう》されない喜び、すなわち目的に近づけば近づくほど光を増す輝きを見出すことができるのである」

ジョゼフ・ランカスターは、まだ十四歳の時に読んだ本がきっかけで、にわかに西インド諸島に住む貧しい黒人に聖書を読み聞かせようと思い立ち、家を出る決心をした。そして聖書と『天路歴程』（ジョン・バニヤン）と数シリングの金を持って、本当に家出をしてしまったのである。

無事、西インド諸島に到着したはいいが、どうやって仕事を始めたらよいものか途方に暮れてしまった。

ほどなく失意のどん底にあった両親が行方を突き止め、すぐに息子を連れ戻したが、彼の情熱の火は消えなかった。それ以来、ランカスターは貧困にあえぐ人たちに教育を施す博愛運動に没頭したのである。

後世に残るような大事業を成し遂げるためには情熱が必要である。物事に打ち込む情熱がなければ、次々に降りかかる災難や障害に押し潰されてしまうだろう。しかし情熱によってかき立てられた勇気と不屈の精神があれば、危険にあってもひるまず、障害を組み伏せることができる。

新大陸の存在を信じ、未知の海へ乗り出して行ったコロンブスの情熱は驚くべきものである。

いつまでも陸地は見えず、長い航海に失望した船員たちが謀反を企み、船を帰さなければ海に放り込むと彼に迫った。しかし、コロンブスはそれにも屈せず希望と勇気を失わず、ついに水平線のかなたに、偉大な新大陸が姿を現わすのを目にしたのであった。

◆成功の裏には必ず「命がけの経験」がある！

勇敢な人間はけっして挫折せず、成功するまで何回でも挑戦する。大木は最初の一撃ではビクともせず、くりかえし懸命に斧《おの》を入れることによってはじめて倒れる。成功した結果はわれわれの目に映るが、そこに至るまでにくぐり抜けてきた危険や困難、そして労力のことは何もわからない。

ある男が、富と幸運を手にした友人にお世辞を言った。すると友人は答えた。

「君は私がうらやましいんだろう？　ならば私の財産をとびきり安い値段で君にお譲りしよう。中庭に出たまえ。三十歩離れたところから君をねらってピストルを二十発撃つ。もし君を殺せなかったら、財産は君のものだ。何？　いらないって？　よろしい。思ってもみてくれたまえ。私は君が目にしている今の幸福な状態に至るまでに、もっと近いところから十発以上も弾丸を撃ち込まれるような目に遭っているんだよ!」

◆失敗したら、素早く方向転換すればいい

功成《こうな》り名遂《なと》げるまでに何度も苦しみに出合わねばならぬこともある。しかし肝《きも》がすわってさえいれば、失敗してもかえって勇気をかき立てられ、心機一転、再び挑戦することができる。

政治家ジェームス・グラハム、ディズレーリの二人も最初は人びとの嘲笑を買うような演説しかできなかったが、血のにじむような努力のかいあって成功した。グラハムは失意の余り、人前で演説するのをあきらめようと思ったことさえある。

「その場でノートを見て記憶をまとめ即席の演説をしてみたり、とにかくあらゆる努力をしたが、どうしてもだめだ。政治家として成功はとてもおぼつかない」と、彼は友人に苦境を訴えている。しかし、忍耐力を失わなかったグラハムは、のちにディズレーリとともに議会でもっとも迫力のある感銘的な演説家として知られるようになった。

また、先見の明がある人は、あることに失敗をすると、まったく別の方向にその失

敗を生かそうともする。

弁護士の教育を受けたボワローは、最初に弁護に立った法廷では罵声《ばせい》と嘲笑を浴びて大失敗を演じた。次に彼は牧師になろうとしてこれも失敗、そこで方向転換をして詩作に励み、成功した。

モンテスキューとベンサムも弁護士としては失格だったが、どちらも方向を変えて、法律をもっと自分の性に合った方法で追究することを思い立った。そしてベンサムはすべての時代に適用する立派な法理論を残し、モンテスキューは法哲学者として『法の精神』という名著をあらわしている。

◆「正念場」に立たされた時に人間は芯《しん》から強くなる

視力や聴力のような重要な感覚を失っても、それは人生に果敢に挑戦する勇敢な人たちを思いとどまらせる材料にはならない。

ミルトンは失明しても、ひるまずに前進を続けた。

それどころか、彼が残した大作のすべては彼がもっとも苦しんだ時期、すなわち年老いて健康を害し、貧困にあえぎ、中傷と非難を浴びせられ、そのうえに失明までした時期に書かれているのだ。

偉大な人物たちの中にも、絶えず困難と戦い、痛手《いたで》をこうむりながら一生を終えた人物がいる。

ダンテは亡命中の貧しい暮らしの中で傑作を書いた。彼は反対派によって故郷の町フィレンツェを追放され、家は奪われ、しかも欠席裁判で火あぶりの刑を言い渡されてしまった。

友人が、「罪の許しを求めて謝罪すればフィレンツェに戻れる」と教えると、ダンテはきっぱりと答えた。

「そんなことをしてまで故郷に帰りたくはない。君もしくは他の誰かがダンテの名誉と名声を傷つけない道を開いてくれた時には、駆け足で戻るだろう。だがそうでなければ、二度とフィレンツェの町に足を踏み入れるつもりはない」

しかし敵の追及は執拗で、ダンテは姿をくらましてから二十年目に亡命先で死亡した。

彼が死んでからも敵の恨みは晴れず、その作品『単一神論』はローマ法皇使節の命令によりボローニャで焚書《ふんしょ》に処された。

あのミケランジェロでさえ、彼の才能を理解しない愚かな貴族や司祭、それにあらゆる階層の貪欲《どんよく》な人間たちにねたまれ、ほとんど一生涯にわたって彼らの迫害に遭った。法皇パウロ四世がシスティーナ礼拝堂の壁画「最後の審判」の一部に文句をつけると、彼はこう反論した。

「私の絵のあらさがしよりも、世界中を汚している法皇自身の不品行と無秩序を何とかするように考えたほうがいいのではあるまいか」

科学の世界にも迫害や苦しみや困難と戦った殉教者たちがいる。異端の説をかかげたために迫害を受けたブルーノ、ガリレオ・ガリレイについては、語る必要もないだろう。

また、激しい敵の怒りに才能を踏みにじられた不幸な科学者たちもいた。フランスの有名な天文学者であり、かつてはパリ市長も務めたベイリーと、偉大な化学者ラボアジェの二人は、フランス革命のさなかにギロチンの露と消えた。

ラボアジェは革命政府から死刑の判決を受けると、幽閉中に始めた実験の結果を見きわめたいので刑の執行を二、三日延期してもらえないかと頼んだが拒絶され、即刻処刑を命じられた。「共和国に学者はいらない」と裁判官の一人は叫んだという。

同じ頃、イギリスでは近代化学の父プリーストリー博士が目の前で家を焼かれ、「学者は消えろ！」という叫び声の中で研究室が焼け落ちるのを見ていた。故国を捨てたプリーストリーは、異国の地にその骨を埋めたのである。

◆孤独を〝滋養分〟とした偉大な魂

反対に、無理強いされた孤独な生活を活用して立派な仕事を成し遂げた人たちも多い。彼らにとって、精神の完成を目ざすには、孤独でいることが何よりであった。孤独な魂は沈思内省し、その結果、しばしば激しい活力が生まれる。

だが孤独を有効に使うか否《いな》かは、その人の気性・性格・修養のいかんによるところが大きい。心の広い人は孤独でいればますます気持ちが清らかになるが、心の狭い人は反対に気性が荒くなるばかりだ。孤独は偉大な精神にとっては滋養分でも、ケチな人間には苦痛を意味するだけだからである。

イタリアの修道士カンパネラは反逆罪の疑いを受けてナポリ王国の牢獄に二十七年間も幽閉され、明るい太陽の光も遮断《しやだん》された。しかし彼はもっと輝かしい光を求めて『太陽の都』を完成した。この作品はその後ヨーロッパ各国の言葉に翻訳され、何度も版を重ねた。

ルターはワルトブルク城での隠遁生活を利用して聖書の翻訳に励み、その他にもドイツ中で広く読まれた有名な小論文や論説を手がけている。

われわれが『天路歴程』という名作に接することができるのも、その作者ジョン・バニヤンが投獄されたおかげかもしれない。獄中のバニヤンは自分自身を見つめ直した。自由を奪われた彼は、ひたすら思索と黙想にはけ口を求めたのである。彼は途中何度か出獄したが、結局は通算十二年近くベッドフォードの牢獄で暮らした。が、世界一すばらしい寓話と呼ばれる『天路歴程』は、この長い獄中生活に負うところが大きかったと言えよう。

デフォーはさらし台に三回立たされた後で牢に入れられ、そこで『ロビンソン・クルーソー』を執筆し、数々の政治論説を書いた。

この人たちは刑を受け、一時は挫折したかに見えながら、その実けっして屈してはいなかった。このように、何の障害もなく平穏な一生を送った人たちよりも、二度と立ち上がれないと思われた人たちのほうが、強い影響力を後々まで及ぼすことが多いのである。

6　最高の「幸福」をもたらす生き方

不幸は必ずしも苦しいものではない。一方では苦しみにつながるが、ある意味では幸せにつながる。悲しいものではあるが、修復できるし、またとない鍛練ともなる。しかし、われわれ人間は、鍛練となる面を見逃してしまいがちである。

しかし、こうも言えるかもしれない。悲しみや苦しみはある人にとっては成功するために不可欠な条件であり、その才能を思う存分発揮させるのに必要な手段であると。

シェリーは、詩人とは次のようなものだと説明している。

「不幸に見舞われると、人は心ならずも詩をつくるようになる。苦しみは彼らに詩のつくり方を教える」

かりにバニヤンが世間の人たちに尊敬され、豊かな暮らしを送っていたら、あるいはバイロンが順調な人生を送り幸せな結婚をして高い地位についていたら、あのような見事な詩は生まれていただろうか？

胸が張り裂けんばかりの悲しみも、時には冷静さを呼び覚ますものだ。

◆耐え難い苦しみが不朽《ふきゆう》の業績を生んだ

世のために役立つ立派な業績を遺した人たちは、みな激しい葛藤の中からそれを生み出している。仕事は不幸から逃れる手段であったこともあるし、ある場合には義務の観念が個人的な悲しみに打ち克ったこともあった。

「もし身体が弱くなかったら、あれだけ大きな仕事はできなかったにちがいない」

とダーウィンは述懐している。

シラーがあの偉大な悲劇の数々を書いたのは、拷問にも似た肉体的な苦痛を味わっている最中だった。

ヘンデルは死が近づいたことを知らせる手足のしびれに襲われ、絶望感と苦痛にさいなまれながらも机に向かい、その名を不朽《ふきゆう》のものとした名曲をいくつも作曲した。

モーツァルトは莫大な借金を抱え、重い病と戦いながら「レクイエム」とオペラを作曲し続けた。

シューベルトは貧困にあえぎながら三十二年の短いながらも輝かしい生涯を閉じた。後に遺された財産と言えば、着ていた洋服と六十三フロリン銀貨、それに自分で作曲した曲の楽譜だけだった。

◆姿を変えた〝幸せ〟を見逃さないこと

災いはしばしば姿を変えた幸せにすぎない。また、それをうまく生かすことによって、何倍もの幸せを手にできるのだ。

「暗闇を恐れてはいけない。それが生命の泉を隠しているかもしれない」

と、ペルシャの賢人も言っている。

経験は往々にして苦々しいものだが有益である。経験を通してのみ、われわれは悩み、そして強くなることを学ぶ。人格は試練によって鍛えられ、苦しみを通して完成される。

だから、人が忍耐強く思慮深ければ、はかり知れぬ悲しみからも豊かな智恵を授けられるのである。ジェレミー・テイラーは教えている。

「悲しいできごとや災いは、自分を向上させるための試練と考えよ。それはわれわれの気持ちを引き締め、節度ある考えをもたせ、軽率な態度をいましめ、罪深い行動から遠ざける。われわれは、不幸を通じてますます徳を高め智恵を働かせ、耐える心を鍛え、勝利と栄光を目ざしてひたすら前進しなくてはならない。

逆境に遭わなかった人間ほど不幸な者はいない。本人がよい悪いではなく、その人は試練を受けていないからである。才能があるとか性格がよいというだけでなく、徳にあふれた行動こそ勝利の王冠にふさわしいのである」

◆三六五日快晴が続けば太陽の〝ありがたみ〟に気づかなくなる

富や成功は、それ自体では幸せをもたらさない。たとえ、人生が失敗の連続であっても、本当の喜びを見出した人はけっして珍しくない。

健康・名声・能力・満ち足りた生活のどれにも恵まれたゲーテほど幸せな男はいないだろうと、われわれは考える。しかし、その彼も、人生で本当に楽しみを味わったのはたったの五週間にすぎなかったと告白している。

サラセン帝国の栄華を誇ったアブドゥル・ラフマーン三世も五十年にわたる治世をふりかえって、自分が心の底から幸福だと感じたのはわずかに十四日間だけだったことに気づいたという。

このような話を聞くにつけ、幸せだけを追い求める人生がいかにはかないものかが理解できるではないか。

さんさんと太陽が輝いて日陰のない一生、あるのは幸福ばかりで不幸のない一生、楽しみばかりで苦しみのない一生――これらは少なくとも人間の一生とは呼べない。最大の幸福とは、もつれた糸のようなものである。幸福は悲しみと喜びの組み合わせで、悲しみがあればこそ喜びは大きくなる。

不幸の後には幸せがあり、われわれを悲しませては、さらに大きく喜ばせてくれる。死そのものでさえ人生をより美しくする。死は、地上にいる間、われわれをお互いにより深く結びつけてくれるからである。

人間の幸福にとって、死は不可欠な条件だと力を込めて説く人もいる。死神が親しい者を奪って行った時、人は考えることもできずに、ただ身体中で悲しみを感じるだけである。

涙でいっぱいになった目には何も映らない。しかし時間が経つにつれて、悲しみを経験したことのない人たちの目よりも、そういう人の目のほうが物事がはっきりと見えるようになるのである。

賢い人は、人生にあまり期待しすぎてはいけないことをしだいに学んでいく。堅実な手段で幸福の追求に努力すれば、失敗に対する気構えもできてくるだろう。

われわれは、人生の喜びを心から味わい、一方では苦しみを辛抱強く甘受しなくてはならない。泣き言や不平を言っても何の役にも立たない。明るさを失わず、正しい手段で黙々と働き続けることが何よりも有益である。

賢い人は周囲の人たちからも多くを期待しない。

他人とうまくやっていくには忍耐が肝要である。どんな立派な人間にも些細な欠点はある。それには目をつぶり、思いやりと憐《あわ》れみの気持ちを持ってやらなければならない。完璧な人間など果たしているだろうか？

ではいったい、人間の気質とはどの程度まで先天的で、幼年時代の環境に左右されるものなのだろう。育てられた家庭が快適であったかなかったかが、親から受け継いだ気性が、そしてよきにつけ悪しきにつけ目のあたりに見せつけられたさまざまな手本が、どれだけ人格に影響を及ぼしていることか！

これらのことを考えてみれば、周囲の人たちに思いやりを示し、多少の欠点は大目に見ることができるようになるはずだ。

◆自分の人生を明るく演出できるのは自分しかいない

同時にまた人生は、その大部分を自分自身でつくっていくものである。一人ひとりがそれぞれの心という大地の上に小さな世界を創造するのだ。明るい心の持ち主は楽しい人生を送り、不満だらけの人間は惨めな人生を送る。

「心は私の天国である」という言葉はすべての人に通用する。たとえ貧しくても、ある者は王者の心を持ち、たとえ王であっても、ある者は奴隷の心を持つ。人生はその大部分が自分自身を映す鏡にすぎない。善良な者にとって世の中は善であり、悪人にとっては悪なのである。

人生とは世の中に役立つよう努力をする場所、健全な思想を持って正しい生活を送り、自分自身のためばかりでなく他の人たちの幸せをも願って働く場所である。

こういう人生観を持つようになれば、希望にあふれた楽しい生き方ができるにちがいない。しかし、もしも反対に、人生を、自己だけの利益と快楽と富を追求するチャンスだと思うなら、そういう人にとって、それは労役と苦労と失望の連続に終わってしまうことだろう。

◆今この場で〝本分〟を尽くす！

人間は生きている間に、世の中の一員として自分がやらねばならないことを忠実に果たさねばならない。このことは価値ある人生の目的であり終極である。ここから真実の喜びが生まれる。

この自覚は何にも増して人に満足感を与え、それがなければ後悔と失望の念に駆られるだろう。

そして地上におけるすべての役目を果たし終えた時、やるべきことをみな終えた時、かいこが小さな繭《まゆ》をつくって死んでいくように、われわれも息絶えてゆく。だが、たとえ地上での生活がはかなく短いものであっても、われわれは定められた場所で大きな目的に向かって力の限りを尽くさなければならない。その大任を無事果たすことができれば、肉体の死など、ついに手にした不滅の魂に比べればものの数ではないのだ。

■訳者解説

自分という"すばらしい素材"をしっかり鍛え、伸ばすための貴重なヒント

竹内　均

「鉄は熱いうちに打て」——この言葉に心底《しんそこ》共鳴できるのは、残念ながら人生の経験をある程度積んだ後か、人の親となり、人を指導する立場となった時だろう。

鉄の熱さ、やわらかさには恐ろしいものがある。ふり下ろすひと打ちひと打ちが、その人の生き方や器の大きさ、形を決めてしまうからである。だから、若いうちは、自分のためになるなら、とにかく打たれて自分を鍛えることがきわめて大切であると思う。

問題は、その打ち方、打たれ方である。せっかくのいい素材も、刀として大成するか、鉄くずで終わってしまうかは、そのひと振りの打ち下ろし方、修養の仕方しだいだからである。

しなくてもよい回り道のせいで、ねじれてさびついてしまった鉄をもとに戻すのは難しい。しかし正しい師、人生の基本を教えてくれるような良書を得て、その教えをきちんと守れば、人は素直に伸びるものだ。自分を常に赤々と熾《おこ》すべき目標を見つけ、それに向かって切瑳琢磨《せっさたくま》するのが未来に向かう若い人の生き方なのだ。

さて、私と同じ考えを、自ら実践し、二百年を経た現在もなお若い人びとを鼓舞《こぶ》し続けている人物がいる。それが本書の著者、サミュエル・スマイルズである。彼のアドバイスが、理想をうたうだけにとどまらず、生活の実践面で役立つものが多いのは、以上のような生き方の哲学に基づいているためである。

スマイルズは、一八一二年十二月二十三日、スコットランドのハディントンに生まれた。十一人兄弟の長男であった。

彼は医学を志し、医者の書生をしながらエジンバラ大学に通った。二十九歳の時に父が亡くなり、弟妹の面倒を見るために、一時は学問をやめようとさえ思った。しかし母の勧めでそのまま大学に残り、やがて医者となって郷里で開業した。医者としてはあまり流行らなかったので、やがて文筆に親しむようになり、鉄道書記を務めながら新聞に原稿を書くようになった。一八五七年に蒸気機関車の発明家スチーブンソンの伝記を書いたのがきっかけで、プロの著作家となった。彼が科学や技術にくわしいのは、こういう経歴のゆえである。彼には一八六一年から六二年にかけて書いた『技術家列伝』全三巻もある。

彼の名がわが国で知られているのは、明治の初めに中村正直《まさなお》（敬宇）によって訳され、『西国立志編』と題して出版された Self-Help（『自助論』竹内訳、三笠書房刊）のゆえである。それが世に出たのは明治四年七月であり、以来一〇〇万部は刷られたと言われている。それは福沢諭吉《ゆきち》の『学問のすゝめ』と並ぶ明治初年のベストセラーであった。

明治維新直後の混乱の中にあって、具体的な生き方の指針を求める若者たちに、福沢は知の世界を、中村（スマイルズ）は徳の世界を展開してみせたと言ってよい。若い日の私もこの本を読んで大いに発奮したものである。

本書は『西洋品行論』と題して明治十一年に第一・二編が、十三年に全編が、これまた中村正直の訳によって出版された。ある意味では『自助論』よりもその内容が充実している。それは何よりもイギリス最盛期のジェントルマンの生き方や理想的人格を具体的に示したものだからであり、中村正直がこれを『西洋品行論』と題したのは言い得て妙《みょう》である。

スマイルズによれば、人が自分を完成させるためには、自ら努めるより他に方法はないという。それには学校で学ぶだけでは充分ではない。まず自分が自助の精神に目覚め、実行しなければならない。人間一生の大事業は、毎日の平凡な生活の中にあって絶えず自己修養し、忍耐強く誠実な心を持って働くことにより達成されるのである。たゆみない勤勉と努力を傾け尽くすことが成功の大道であることを実感させてくれる書として、本書にまさるものはないと言っても過言ではあるまい。

本書は、個々人の人格を鍛えることこそが人間としてのもっとも重要な課題であり、社会全体を繁栄に導く基盤となるであろうことを、はっきりと教えてくれるにちがいない。

スマイルズが本書を書いた頃のイギリスは世界最強の国であった。「ユニオン・ジャックの翻《ひるがえ》るところに太陽が没することはない」と言われたほどである。

この最盛期のイギリスを支えたのはイギリスのジェントルマンたちの人格であった。そのことが本書『向上心』によく描かれている。完成された人格は社会を繁栄に導き、強い国家をつくる。当時のイギリスは国力はもちろんのこと、知的レベルにおいても世界の先頭を走っていた。そのイギリス人の知的自己鍛練法の結晶とも言うべきものが本書である。

このスマイルズの『向上心』ほど、現在の日本の読者にふさわしい本はないと言ってよい。

どうか希望を持って自分の信念を貫き、本書とともに忍耐強く誠実に生きる道を歩んでいただきたい。本書は、たとえどんな困難が襲いかかってきたとしても、必ずや自分を叱咤《しった》激励し、自らの弱さを克服するための支柱となってくれるはずである。今はただこの本が多くの人によって読まれ、それらの人たちの共鳴を得ることを願うだけである。

本書は、小社から刊行した『向上心』を再編集したものです。

サミュエル・スマイルズ（Samuel Smiles）
十九世紀イギリスの著述家。はじめ医者であったが、『自助論』（三笠書房刊）の大成功後、文筆に専念する。著作はすべて深い人生の智恵にあふれており、生き方の根本を説く書として声価が定まっている。
とくに本書は『自助論』と並ぶ「不朽の名著」と評価が高い。『自助論』の内容から一歩進んで個人の成長と人間力の形成に焦点を当て、さらに充実させた。現代でも色あせることのない人生論の名著として、イギリスのみならず全世界で読み継がれている。

竹内　均（たけうち・ひとし）
福井県生まれ。東京大学名誉教授。理学博士。地球物理学の世界的権威。科学雑誌『Newton』の編集長として青少年の科学啓蒙に情熱を傾けるかたわら、「人生の幸福」について深く探求し、著者一流の自己実現の具体的な方法を説く。主な編訳書に『自助論』、『渋沢栄一「論語」の読み方』、『父から若き息子へ贈る「実りある人生の鍵」45章』＊（以上、三笠書房刊、＊印《知的生きかた文庫》）など多数。

知的生きかた文庫

向上心《こうじょうしん》

著者　サミュエル・スマイルズ
訳者　竹内《たけうち》　均《ひとし》
発行者　押鐘太陽
発行所　株式会社三笠書房
〒一〇二―〇〇七二　東京都千代田区飯田橋三―三―一
電話〇三―五二二六―五七三四〈営業部〉
〇三―五二二六―五七三一〈編集部〉
http://www.mikasashobo.co.jp
印刷　誠宏印刷
製本　若林製本工場

ISBN978-4-8379-7949-4 C0130

「知的生きかた文庫」の刊行にあたって

「人生、いかに生きるか」は、われわれにとって永遠の命題である。自分を大切にし、人間らしく生きよう、生きがいのある一生をおくろうとする者が、必ず心をくだく問題である。

小社はこれまで、古今東西の人生哲学の名著を数多く発掘、出版し、幸いにして好評を博してきた。創立以来五十余年の星霜を重ねることができたのも、一に読者の私どもへの厚い支援のたまものである。

このような無量の声援に対し、いよいよ出版人としての責務と使命を痛感し、さらに多くの読者の要望と期待にこたえられるよう、ここに「知的生きかた文庫」の発刊を決意するに至った。

わが国は自由主義国第二位の大国となり、経済の繁栄を謳歌する一方で、生活・文化は安易に流れる風潮にある。いま、個人の生きかた、生きかたの質が鋭く問われ、また真の生涯教育が大きく叫ばれるゆえんである。

そしてまさに、良識ある読者に励まされて生まれた「知的生きかた文庫」こそ、この時代の要求を全うできるものと自負する。

本文庫は、読者の教養・知的成長に資するとともに、ビジネスや日常生活の現場で自己実現できるよう、手助けするものである。そして、そのためのゆたかな情報と資料を提供し、読者とともに考え、現在から未来を生きる勇気・自信を培おうとするものである。また、日々の暮らしに添える一服の清涼剤として、読書本来の楽しみを充分に味わっていただけるものも用意した。

良心的な企画・編集を第一に、本文庫を読者とともにあたたかく、また厳しく育ててゆきたいと思う。そして、これからを真剣に生きる人々の心の殿堂として発展、大成することを期したい。

一九八四年十月一日

押鐘冨士雄

知的生きかた文庫

今こそすべての日本人に読んでほしい本

サムライはなぜ、
これほど強い精神力をもてたのか？

武士道

Bu-shi-do means literally Military-Knight-Ways—the ways which fighting nobles should observe in their daily life as well as in their vocation ; in a word, the "Precepts of Knighthood," the noblesse oblige of the warrior class.

新渡戸稲造【著】
奈良本辰也［訳・解説］

◎なぜ海外でこれほどまでに読み続けられるのか！

——日本人の精神の基盤は武士道にあり！

武士道の光り輝く最高の支柱である「義」、人の上に立つための「仁」、試練に耐えるための「名誉」——本書は、強靱な精神力を生んだ武士道の本質を見事に解き明かしている。武士は何を学び、どう己を磨いたか、これを知ることはすべての現代人にとって重要である。英文で書かれ、欧米人に大反響を巻き起こした最高の名著を、奈良本辰也が平易な文体で新訳。

本書に優る"日本精神の救済"はない！

勇 いかにして肚を錬磨するか

礼 人とともに喜び、人とともに泣けるか！

誠 なぜ「武士に二言はない」のか？

忠義 人は何のために死ぬるか

武士道の遺産から何を学ぶか

C10019

C50221

知的生きかた文庫

禅、シンプル生活のすすめ

枡野俊明

求めない、こだわらない、とらわれない――「世界が尊敬する日本人100人」に選出された著者が説く、ラク～に生きる人生のコツ。迷ったとき、悩んだときに答えをくれる〝パッ〟として〝ほっ〟とする珠玉のヒント。一日ひとつ、すぐにできる〝心の洗い方〟！

般若心経、心の「大そうじ」

名取芳彦

般若心経の教えを日本一わかりやすく解説した本。「笑って死んでいくためには、笑って生きること」「トイレそうじとは自分を磨くこと」「〈いい年寄り〉にならなくていい」など、ラクに生きるヒントが満載。手にしたときから、人生が変わります！

疲れない体をつくる免疫力

安保　徹

免疫学の世界的権威・安保徹先生が、「疲れない体」をつくる生活習慣をわかりやすく解説。「なるべく日光をよく浴びる」「1日に3回、爪をもんでみる」「お風呂にゆったりと浸かってみる」などなど、ちょっとした工夫で、みるみる体が元気に！

C30071

知的生きかた文庫

自助論

スマイルズの世界的名著

人生を最高に生きぬく知恵

S.スマイルズ 著
竹内 均 訳
東大名誉教授

◎『学問のすゝめ』とともに日本人の向上心を燃え上がらせてきた名著中の名著！

「天は自ら助くる者を助く」――この自助独立の精神にのっとった本書は、刊行以来今日に至るまで、世界数十カ国の人々の向上意欲をかきたて、希望の光明を与え続けてきた。『向上心』と並ぶスマイルズの二大名著！

この名著は、「何かやりたい！」と、うずうずしている人へ最高のアドバイザー！

- この一日十五分の〝やりくり〟が人生の明暗を分ける！
- 倒れるたび、力をつけて立ち上がる人の〝エネルギー充電法〟
- 〝チャンス〟をことごとく生かしていく人の「次の一手」
- 「よい忠告」よりも「よい手本」を探せ！
- 努力が苦手な人でも、たったこれだけで努力をするのが楽しくなる！
- 人からの〝アドバイス〟はこう受けるのが正しい
- 成功者がみんな生かしている、この「実務能力」とは？

C10007